A MISSÃO DE Maria

CLEYSON FELLIPE, SDB

EDITORA
SANTUÁRIO

Dados Internacionais de Catalogação na Publicação (CIP) de acordo com ISBD

F319m Fellipe, Cleyson

A missão de Maria / Cleyson Fellipe. - Aparecida : Editora Santuário, 2022.
96 p. ; 14cm x 21cm.

ISBN: 978-65-5527-254-3

1. Religião. 2. Cristianismo. 3. Missão. 4. Maria. Título.

CDD 240
2022-2979 CDU 24

Elaborado por Vagner Rodolfo da Silva - CRB-8/9410

Índice para catálogo sistemático:
1. Religião : Cristianismo 240
2. Religião : Cristianismo 24

1ª impressão

Rua Pe. Claro Monteiro, 342 – 12570-000 – Aparecida-SP
Tel.: 12 3104-2000 – Televendas: 0800 - 0 16 00 04
www.editorasantuario.com.br
vendas@editorasantuario.com.br

"Esta é a hora de Maria, isto é,
o tempo do Novo Pentecostes
a que ela preside com sua oração, quando,
sob o influxo do Espírito Santo,
a Igreja inicia um novo caminhar em seu peregrinar.
Que Maria seja, nesse caminho, 'estrela da
evangelização' sempre renovada."

(*Documento de Puebla em 1979, n. 303*)

PREFÁCIO

O título das páginas que o leitor tem em mãos, *A Missão de Maria*, apresenta com clareza para onde o autor nos quer conduzir: a acompanhar, passo a passo, o cumprimento da nobilíssima missão confiada por Deus à jovem escolhida para ser a Mãe do Salvador e também Mãe da Igreja. O autor, abordando diversas instâncias, procura ressaltar o papel desempenhado por Maria ao longo da vida de Jesus, seu Filho, bem como ao longo da vida da Igreja, a comunidade de seus filhos e suas filhas.

Estas páginas foram escritas com simplicidade, com empenho, mais de ordem amorosa do que doutrinal; eu diria, com o amor de um filho, que contempla as maravilhas operadas pelo Senhor em Maria e quer juntar-se às gerações que continuam a aclamá-la bem-aventurada, tal como ela mesma profetizou em seu "Magnificat".

Faço votos de que os leitores sintam despertar no coração a "verdadeira devoção" a Maria, feita de fé intensa e firme, corajosa esperança, espírito de serviço aos irmãos e às irmãs, como ela testemunhou em toda a sua vida. Quando o amor a Maria aprofunda as raízes nos corações, mediante uma "devoção" comprometida com o Evangelho, podemos ter a certeza de que também nós estamos ajudando a Mãe de Deus a cumprir a missão que Deus lhe confiou em relação à Igreja de seu Filho.

D. Hilário Moser, SDB
Bispo Emérito de Tubarão, SC

APRESENTAÇÃO

"Como é bom pensar que fiz alguma coisa para semear nos corações a devoção a Maria!"
Santo Afonso Maria de Ligório

Um livro é sempre um universo que se desvela diante de nossos olhos, como uma manhã clara de verão, cuja luz irradiante ilumina o horizonte. A leitura é um ato de esperança, pois ela pode nos abstrair das realidades e nos projetar em ambientes inimagináveis. Com um livro nas mãos, nós podemos sonhar; com um livro na mente, nós podemos realizar!

A melhor definição do que é um livro pertence ao jesuíta Pe. Antônio Vieira (1608-1697), que assim o descreveu: "O livro é um mudo que fala, um surdo que responde, um cego que guia, um morto que vive". Os livros são motores que impulsionam os homens, em direção ao horizonte chamado: conhecimento.

Um livro mariano é ainda mais especial, pois ele compila um conjunto de adjetivos, que destinamos à Mãe de Deus e instrui na fé aqueles que desejam amar mais Nossa Senhora. Maria de Nazaré é um assunto que jamais se esgota. Objeto de nossa estima, ela comporta uma infinidade de abordagens. Inúmeros santos e teólogos cantaram suas glórias. Este livro mariano é um eco do amor filial de seu autor.

Com uma linguagem, que é acessível para todos os públicos, e um conteúdo, que faz jus aos escritos marianos, o religioso Salesiano, Irmão Cleyson Fellipe, SDB, brinda-nos com um riquíssimo material mariológico. Certamente, ele vem enriquecer as fileiras dos muitos literatos brasileiros, que se dedicaram a discorrer a respeito da Santíssima Virgem; de modo muito singular, o autor desenvolve a temática à qual se propôs.

Com um resgate histórico-bíblico, o autor nos insere nas tratativas correspondentes a Maria de Nazaré e sua colaboração na História da Salvação. Somos submersos em uma literatura agradável, orante e oblativa. O texto faz menção aos documentos do Concílio Vaticano II (1962-1965), o que, certamente, favorece a formação e instrução, à luz do Magistério da Igreja. Maria, como Mãe da Igreja, não pode distanciar-se dos ensinamentos de seus pastores.

No processo de desenvolvimento de sua obra, o autor realiza um resgate histórico das Conferências Latino-Americanas do CELAM, apresentando o posicionamento da Igreja no novo mundo, com relação ao papel de Maria, como modelo de discípula e missionária de Jesus Cristo, proporcionando-nos acesso a materiais inéditos, muitas vezes, desconhecidos dos fiéis. Os teólogos latino-americanos têm muito a colaborar com a Mariologia no âmbito universal.

Abordando temas atuais, Irmão Cleyson Fellipe exprime a relação de Maria como exemplo do ser humano em sua máxima potência. Assim, Maria não é apenas um paradigma religioso, mas, antes, o modelo do ser humano, em sua plenitude e realização. Em sua aproximação sociológica, o autor denota o ponto central, do caráter sociológico da mariologia, sem esvaziar o tema, ou mesmo, sem cair em possíveis ideologias.

Com a frase: “assim elevou a dignidade feminina a sua maior expressão”, ao se referir a Maria, o autor nos demonstra, sinteticamente, toda a sua compreensão teológica da Mariologia, pois captou o núcleo teológico apresentado pelo Concílio Vaticano II, que, na Constituição *Lumen Gentium* (1964), apresentou Maria como arquétipo do ser humano em sua graça original.

O autor apresenta uma síntese dos quatro dogmas marianos, proporcionando aos leitores uma breve explanação, na perspectiva do Magistério e da pastoral, que toca a vida dos fiéis. Aquilo, que em Maria foi e é uma realidade, para nós um dia se concretizará, pois "ela já é o que nós seremos um dia". A Mariologia dogmática expressa o projeto original de Deus para a humanidade.

Em consonância com o Magistério dogmático, Irmão Cleyson Fellipe discorre a respeito da oração do Rosário, devoção popular, de significativo valor, recomendada pelos pontífices e de grande adesão entre os fiéis. É na contemplação dos mistérios da vida de Cristo que os homens vão compreendendo seus mistérios pessoais.

Recomendo e incentivo a obra *A Missão de Maria*, pois ela enriquecerá as bibliotecas de Mariologia, promoverá o reto culto a Maria e frutificará como um apostolado mariano. É certo que: "*De Maria nunquam satis*", nunca diremos tudo sobre Maria, pois ela é a mulher das possibilidades. Porém é certo que esta obra mariana muito contribuirá para que possamos conhecer ainda mais Nossa Senhora.

Ao venerável Irmão Cleyson Fellipe, SDB, meus cordiais cumprimentos pelo excelente trabalho literário, e, aos prezados leitores, meus votos de agradável leitura.

Ir. André Luiz Oliveira, C.Ss.R.
Diretor do Centro Redentorista de Espiritualidade,
escritor e associado da Academia Marial de Aparecida

INTRODUÇÃO

Estimado leitor! É sempre motivo de alegria escrever sobre Maria, a jovem nazarena, que se tornou uma das mulheres mais conhecidas do mundo. Maria não é apenas imagem do povo de Deus, ela é um marco na história de toda a humanidade. Em sua simplicidade e seu anonimato, colaborou com o próprio Deus, para que se concretizasse no mundo o plano divino da salvação, no qual os homens pudessem encontrar um sentido para viver e uma razão para lutar por uma sociedade mais justa e fraterna.

Assim como todo ser humano, Maria nasceu com uma missão específica: ser Mãe do Filho de Deus. Para isso, foi preservada do pecado original e redimida antes mesmo que as outras criaturas. O mistério que envolveu a jovem nazarena continua a envolver os homens do século XXI. É a manifestação de um Deus que ama incondicionalmente a pessoa humana e que, por tanto amá-la, tomou sua própria forma e veio a seu encontro na condição de um pobre mortal.

A missão primeira designada para Maria não se resumiu em sua relação com o Filho de Deus, mas estendeu-se a todo homem. Em Nazaré da Galileia, Deus fecundou o ventre daquela que haveria de colaborar na geração da vida divina, em lugares jamais imaginados pela mente da jovem nazarena. Com isso, deu-se início a uma nova história na vida da humanidade. O coração humano pôde se encher de esperança, pois Aquele que antes era o inominável: *Eu Sou*, em Maria, tornou-se o *Emanuel*, Deus conosco.

Desse modo, a Igreja, que tem seu fundamento no Verbo feito carne, olha para a missão de Maria e a perpetua ao longo da história, gerando vidas para o novo Reino. Assim sendo, a própria Virgem se faz companheira de estrada e caminha com os peregrinos deste mundo, amparando-os, encorajando-os e socorrendo-os em suas mais diversas necessidades. Aliou-se aos pequenos e aos pobres, tornou-se o conforto e o consolo dos doentes, abrigo para os pecadores e auxiliadora de todo o povo cristão.

Por isso, estimado leitor, coloco esta obra em suas mãos. Vale a pena entender a missão de Maria e seu papel na história. Ela nos ajuda a compreendermos que Deus tem um plano para cada um de nós e que nossa vida só encontra seu real sentido quando nos colocamos à disposição do Senhor e dos irmãos que sofrem e esperam ser amparados por nós em suas dores. Que Maria, a Mãe da Vida, faça germinar e crescer em nosso coração nosso compromisso como discípulos de Cristo e nossa responsabilidade de missionários e portadores da mensagem de salvação, única capaz de transformar o mundo e de plenificar nosso coração.

I

COMO TUDO COMEÇOU

Era um dia como todos os outros na aldeia de Nazaré. A jovem Maria começou cedo sua jornada; como uma boa judia, prezava pelas orações diárias, ocupava-se com os trabalhos domésticos e sonhava com o casamento que se aproximava. Já estava comprometida com José e se preparava para construir sua família, quando um encontro mudou toda a sua vida.

Apareceu-lhe um anjo, chamado Gabriel, que, com um sorriso nos lábios e expressão alegre, de quem trazia uma boa notícia, olhou para Maria e disse: “Alegra-te, cheia de graça” (Lc 1,28). Tais palavras deixaram a Virgem perturbada, mas ela logo perguntou: “qual era o significado daquela saudação” (Lc 1,30). O mensageiro, que tinha vindo da parte de Deus, não hesitou em revelar o segredo trazido do céu: “Eis que conceberás em teu seio e darás à luz um filho e o chamarás com o nome de Jesus” (Lc 1,31).

Maria pensou: “Que estranho!” E logo indagou: “Como pode ser isso, se eu não conheço homem algum?” (Lc 1,34). O anjo, então, revelou-lhe: “O Espírito Santo virá sobre ti e o poder do Altíssimo vai te cobrir com sua sombra, por isso o Santo que nascer de ti será chamado Filho de Deus” (Lc 1,35). Maria parou por alguns instantes, em seguida, fixou seus olhos em Gabriel e disse: “Eu sou a serva do Senhor; faça-se em mim segundo tua palavra” (Lc 1,38).

Nesse momento começou explicitamente a missão de Maria. Por seu *fiat*, o Verbo pôde encarnar-se; fazendo-se homem, elevou-nos à condição de filhos de Deus; dando-se como alimento na Eucaristia e entregando-se por nós na cruz, selou com seu próprio sangue a Nova e Eterna Aliança. Unida ao mistério do Filho, Maria tornou-se cooperadora da Trindade na concretização do plano divino da Salvação.

De certo modo, podemos dizer que o primeiro aspecto da missão de Maria é sua maternidade divina. Dito *sim* a Deus, cumpriu-se a promessa do Senhor a Eva (Gn 3,15) de que na história haveria uma mulher que pisaria sobre o mal. Se pela desobediência de Eva nos veio a morte, pela obediência de Maria nos veio a Vida, como observou os Santos Padres da Patrística. Em Maria, foi resgatada a aliança de amor entre Deus e os homens.

Na oração da *Salve-Rainha* nós rezamos a Maria dizendo: *"degredados filhos de Eva"* e, ao mesmo tempo, com o coração confiante, nós nos reconhecemos filhos da *Mãe de Misericórdia.* Pois ela, por sua obediência, por sua vida unida ao Filho, pode alcançar para nós o perdão de nossas faltas. Este é outro aspecto da missão da Virgem: interceder por nós junto ao Pai. Assim como a Rainha Ester intercedeu junto ao Rei: "Concede vida a meu povo, eis meu desejo (Est 6,3).

Maria encontrou graça diante de Deus porque era uma jovem livre. Livre de si mesma! Assim como o Rei se encantou pela beleza da Rainha Ester, Deus se encantou pela grandeza de alma que tinha a Virgem nazarena. Hoje, ela nos ensina o caminho para nos realizarmos como pessoas, homens e mulheres que se sentem amados pelo Pai.

Em sua missão de Mãe do Filho de Deus, ela soube viver uma vida de total despojamento. Nunca se viu criatura alguma mais humilde que Maria: o mistério divino ocupava todo o seu ser, mas, nem por isso, ela se considerou superior aos outros; antes, disse a Gabriel: "Eu sou a serva do Senhor" (Lc 1,38). Sem sombra de dúvida, ela é a mais perfeita entre as criaturas. Seu exemplo nos ensina a buscar sempre o bem, a verdade, o testemunho evangélico e a causa de Cristo acima de qualquer outra coisa.

Para que alcancemos esse fim, ela mesma se encarrega de nos ajudar, ampara-nos e nos sustenta, sem permitir que desistamos do combate, que nos foi imposto pela vida. A fé de Maria não foi uma fé passiva, mas ativa. Ela assumiu sua responsabilidade e prezava por seu protagonismo. Desse modo, como primeira a aderir a Cristo, ensina-nos que ser cristão é uma decisão que implica compromisso com a verdade do Evangelho. O Reino do céu "não é para os covardes", mas para aqueles que têm coragem de assumir como seu projeto de vida a proposta que nos foi feita por Cristo, ao proclamar as Bem-aventuranças (Mt 5,1-11).

Oração

Maria, nosso grande modelo de fé, ensina-nos a nos comprometermos com Cristo e a colocá-lo como centro e fundamento de nossa vida. Faze-nos compreender que uma vida cristã, que não tenha a coragem de passar pela cruz, não poderá testemunhar a grandeza de Deus, que é capaz de fazer maravilhas, mesmo diante das atrocidades do mundo. Livra-nos de uma espiritualidade superficial, de um cristianismo sem Cristo e sem compromisso com a vida humana em todas as suas dimensões.

As Sagradas Escrituras nos revelam a Missão de Maria

O Catecismo da Igreja Católica afirma: "Deus quis a livre cooperação de uma criatura e para isso escolheu, para ser mãe de seu Filho, uma filha de Israel, uma jovem judia de Nazaré, na Galileia" (CIC 489). A missão de Maria foi prefigurada pela missão de algumas mulheres: Eva, Sara, Ana, Débora, Rute, Judite e Ester. Na jovem nazarena, Deus cumpriu sua promessa ao povo da Antiga Aliança.

Naquela época, como é ainda hoje em muitos lugares, Maria era um nome muito comum. O evangelista João, sempre que a cita em seu Evangelho, não a chama pelo nome, mas pelo primeiro aspecto de sua missão: *Mãe de Jesus.*[1] Exemplo: "No terceiro dia, houve um casamento em Caná da Galileia, e a mãe de Jesus estava lá" (Jo 2,1). Ou como no relato da crucificação: "Perto da cruz de Jesus, permaneciam de pé sua mãe, a irmã de sua mãe, Maria, mulher de Cléofas, e Maria Madalena" (Jo 19,25).

O nome Maria, segundo algumas hipóteses, seria de origem egípcia e significaria "Amada do Senhor". Esse nome era comum entre o povo de Israel, que se sentia amado por Deus. Era o povo escolhido, que no deserto o Senhor amparou, tratou como o pai trata seu filho em seus primeiros anos de vida. O nome de Filha de Sião,[2] também atribuído à Virgem Maria, relaciona-se com a história do povo eleito, por um Deus, que o amou intensamente e em favor do qual cumpriu suas promessas.

Lucas apresenta Maria como "a cheia de graça" (Lc 1,28). De fato, ela, em todo o seu ser, era plena do Espírito Santo de Deus, obra-prima do Pai, cooperadora na missão do Filho. Na jovem nazarena, a Trindade Santa encontrou espaço sagrado para realizar o plano divino da salvação. Desde toda a eternidade, foi preservada do pecado original, para que fosse apta a acolher o Dom inefável do Todo-Poderoso.

Sendo em sua integridade toda de Deus, a Virgem Maria tornou-se a verdadeira Eva, mãe daqueles que em Cristo viverão para sempre. Maria é a imagem perfeita do sonho de Deus para cada ser humano. Ele nos criou para sermos livres, para vivermos nossa condição de filhos amados. Entretanto o desejo de querermos ser senhores de nós mesmos tornou-nos escravos de nosso próprio orgulho.

A vida oculta de Maria de Nazaré

As Sagradas Escrituras nos revelam apenas o que é essencial para nossa fé. Sendo assim, não é preocupação dos autores sagrados relatarem a vida da jovem nazarena antes da Anunciação do anjo Gabriel. Não se sabe exatamente onde Maria nasceu; o que temos são hipóteses de quatro locais: Séforis (que ficava a 5 km de Nazaré), Belém, Jerusalém e Nazaré.

Teólogos e historiadores concordam mais com a hipótese de que Maria tenha nascido em Nazaré, pequena aldeia, situada na parte sul da Galileia, cidadezinha quase insignificante para os galileus. Interessante é que essa cidade, em nenhum momento, é citada no Antigo Testamento, nem mesmo nas profecias messiânicas de Isaías ou de Sofonias. Era um local tão desprezado, a ponto de nem nos mapas imperiais romanos encontrar-se sua localização.

No Evangelho de João, quando Filipe encontrou Natanael, diz-lhe: "Encontramos aquele de quem escreveram Moisés na Lei e os profetas: Jesus, o filho de José de Nazaré" (Jo 1,45). Natanael respondeu ironicamente: "De Nazaré pode sair algo de bom?" (Jo 1,46). Quem esperaria que o Messias viria de Nazaré? Que seu pai fosse um carpinteiro e sua mãe uma desconhecida (socialmente falando)? Esses são alguns dos motivos pelos quais muitos tiveram receio de aceitar a mensagem do Reino proclamada por Cristo.

Maria, já em sua origem, é sinônimo de silêncio e anonimato. Em sua humildade, em sua pobreza econômica, em sua vida simples no lar de Nazaré, trouxe ao mundo o

Filho de Deus, o Messias tão esperado pelo povo de Israel. No entanto ela permaneceu em segundo plano e, até hoje, muitos não se dão conta de sua presença na história da humanidade; com exceção de Lucas, os próprios evangelistas não tiveram grandes preocupações de descrevê-la.

O Antigo Testamento fala de Maria?

Maria, Mãe de Jesus, aparece no Antigo Testamento de modo implícito. No livro do Gênesis, ela é insinuada profeticamente quando Deus diz à serpente: "Porei hostilidade entre ti e a mulher, entre tua linhagem e a linhagem dela. Ela te esmagará a cabeça e tu lhe ferirás o calcanhar" (Gn 3,15). Essa profecia se concretizará com a vinda do Messias.

Já no início da criação, são apresentadas duas mulheres. A primeira recebeu o nome de Eva, "por ser a mãe de todos os viventes" (Gn 3,20); a segunda só será revelada no Novo Testamento. Ela será a "amada do Senhor", vencerá o inimigo, combaterá contra as forças do mal e contribuirá na realização do plano divino da salvação. O Antigo Testamento é um caminho pedagógico que prepara o cumprimento da promessa.

> O Senhor disse ainda a Acaz: Pede ao Senhor, teu Deus, um sinal, seja do fundo da habitação dos mortos, seja lá do alto. Acaz respondeu: "De maneira nenhuma! Não quero pôr o Senhor à prova". Isaías respondeu: "Ouvi, casa de Davi: Não vos basta fatigar a paciência dos homens? Pretendeis cansar também o meu Deus? Por isso o próprio Senhor vos dará um sinal: uma virgem conceberá e dará à luz um filho, e o chamará 'Deus Conosco'" (Is 7,10-14).

Essa profecia, em um primeiro momento, refere-se a uma concretização imediata, que é o nascimento do filho de Acaz, futuro rei Ezequias, homem piedoso e temente a Deus: é durante seu reinado que acontecerá a libertação de Jerusalém. Em um segundo momento, Isaías anuncia a intervenção de Deus na história da salvação: “uma virgem conceberá e dará à luz um filho”. No livro do profeta Miqueias, também encontramos a promessa messiânica em que Maria aparece de modo implícito.

> E tu, Belém-Éfrata, pequena entre os clãs de Judá, de ti saíra para mim aquele que governará Israel. Suas origens são de tempos antigos, de dias imemoráveis. Por isso ele vos abandonará até o tempo em que a **parturiente dará à luz**. Então o resto de seus irmãos voltará para os israelitas. Ele se erguerá e apascentará o rebanho pela força de Adonai, pela glória do nome de seu Deus. Eles se estabelecerão, pois então ele será grande até os confins da terra (Mq 5,1-3).

Em vários textos do Antigo Testamento, o povo de Israel, portador da promessa messiânica, aparece personificado de forma simbólica pela figura de uma mulher, a Filha de Sião. A Liturgia aplica a Maria as palavras de Zacarias: “Exulta muito, filha de Sião! Grita de alegria, filha de Jerusalém! Eis que teu rei vem a ti: ele é justo e vitorioso” (Zc 9,9).

Maria é a verdadeira “Filha de Sião”. Honra de todo o povo de Israel. Em seu ventre se fez realidade a promessa de Deus ao povo da Antiga Aliança. Sua missão é revelar ao novo Israel, que é a Igreja, que Cristo é verdadeiramente o Filho de Deus feito homem. Maria, no mistério da Encarnação, é o ponto de unidade entre a expectativa messiânica do Antigo Testamento e a Encarnação do Verbo na plenitude dos tempos.

Maria no Novo Testamento

Maria aparece no Novo Testamento, citada explicitamente, sobretudo nos Evangelhos. No Evangelho de Marcos, o referido evangelista se propôs responder à seguinte pergunta: “Quem é Jesus?” Assim sendo, a preocupação de Marcos não consiste prioritariamente em apresentar Maria em si mesma, mas sua missão de ser *mãe de Jesus* (Mc 3,31). Marcos se refere a Maria para afirmar que o Filho de Deus, segunda pessoa da Trindade Santa, é também de origem humana. Nasceu em uma família, é um nazareno e seus parentes são pessoas simples da aldeia de Nazaré (Mc 6,3).

Maria aparece no Evangelho de Marcos como a *Mãe do Deus feito homem.* Marcos não quer simplesmente apresentar o Jesus histórico; o que ele procura fazer no Evangelho, por ele escrito, é mostrar que o Homem de Nazaré é de fato o Cristo, ou seja, o Messias, que veio da parte de Deus. Essa verdade de fé foi confirmada pelo centurião ao observar Jesus morrendo na cruz: “Verdadeiramente este homem era o filho de Deus” (Mc 15,39).

Já Mateus, além de apresentar Maria como a Mãe do Messias, realça que ela é a Virgem e esposa de José, que é da descendência de Davi (Mt 1,16). Na Teologia de Mateus, Maria também nos é apresentada como a Rainha-Mãe, pois na dinastia de Davi o título de Rainha não era dado à esposa do Rei, mas à Mãe do Rei. Fato este que podemos observar no primeiro livro dos Reis (1Rs 1,16.2,19).

Betsabeia era esposa do rei Davi e, quando vai ver o marido, inclina-se e se prostra diante dele em sinal de respeito. No entanto, quando Davi morre, seu filho Salomão assume o reinado, e Betsabeia vai ver o filho rei. Ao avistar sua mãe, o rei se levanta de seu trono, inclina-se diante dela e pede para que coloquem a sua direita um trono para que ela possa se sentar, pois, daquele momento em diante, Betsabeia seria a Rainha-Mãe.

Mateus, que conhecia bem a história da descendência de Davi e escreveu seu Evangelho para os judeus que se convertiam à fé cristã, procurou mostrar que o Cristo era da descendência de Davi, como os profetas do Antigo Testamento haviam predito, e que, no Novo Reino, Maria é a Rainha-Mãe. É o que se deduz da visita dos Reis Magos, que, saindo do Oriente, vão a Jerusalém e perguntam: "Onde está o rei dos judeus recém-nascido?" (Mt 2,2). Mais à frente, o evangelista anota: "Ao entrar na casa, viram o menino com Maria, sua mãe, e, prostando-se, homenagearam-no" (Mt 2,11).

Os Reis Magos, que procuravam pelo Rei dos judeus, encontraram-no com sua mãe, pois, na dinastia de Davi, ao lado do filho rei estava a mãe, que era rainha. Chamar Maria de Rainha não é coisa da Idade Média, é reconhecer sua grandeza no plano divino da salvação, como nos atestou o Concílio Vaticano II (1962-1965), na Constituição Dogmática *Lumen Gentium*: "Maria não é o centro, mas está no centro da história da salvação".[3]

Lucas é o evangelista mariano por excelência. No Evangelho por ele escrito, temos grande riqueza de detalhes sobre a pessoa de Maria. Tudo indica que o evangelista médico teve contato com a Mãe de Jesus e escutou de seus próprios lábios os relatos sobre a infância do Filho. Desse modo, transcreveu essas experiências para os cristãos, ressaltando a figura da jovem nazarena já nos primeiros capítulos de seu Evangelho.

No Evangelho de Lucas, Maria é o modelo de fé por excelência e a discípula perfeita. O anúncio do nascimento de Jesus é relatado com base nas profecias de Sofonias: "Alegra-te, cheia de graça, o senhor está contigo" (Lc 1,26) – "Rejubila, filha de Jerusalém". "Adonai, teu Deus, está no meio de ti" (Sf 3,14.17). "Não temas, Maria!" (Lc 1,30) – "Não temas, Sião!" (Sf 3,16).

Na visita a Isabel (Lc 1,39-45), Maria participa da alegria da maternidade, conforme o sinal que Gabriel havia dado: "Também Isabel, tua parenta, concebeu um filho na velhice, e este é o sexto mês para aquela que chamavam de estéril" (Lc 1,36). Carregando Cristo no ventre, de Nazaré para as montanhas de Judá, Maria é a primeira missionária da Nova Aliança. Sua missão consiste em levar a mensagem de salvação ao povo de Deus.

No *Magnificat* (Lc 1,46-55), ela proclama as grandezas do Senhor. Sabe que o mérito não é dela, mas de Deus. Em sua humildade, tornou-se o canal de salvação para a humanidade. Sua missão é também recordar ao mundo que Deus exalta os pobres e os pequenos e não se dobra aos caprichos dos poderosos, indiferentes à dor humana e aos dilemas da desigualdade social. Não é sem razão que o cântico de Maria se tornou o cântico da Igreja.

Maria e José, quando apresentaram o Filho primogênito, no Templo de Jerusalém (Lc 2,22-35), ensinaram-nos que nossa vida só encontra seu real sentido quando é colocada em oblação diante do altar do Senhor. O velho profeta Simeão, ao ver o casal com o Menino, logo reconheceu que aquela criança era o Messias e disse: "Agora, Soberano Senhor, podes despedir em paz teu servo, segundo tua palavra; porque meus olhos viram tua salvação" (v. 29). Quem melhor do que Maria nos pode apresentar Aquele que é nossa salvação? Ela foi a primeira a ser salva pelo Pai, em sua Imaculada Conceição, em antecipação dos méritos de seu próprio Filho.

O velho Simeão, após abençoar a criança, disse a Maria: "Uma espada traspassará tua alma" (v. 35). A missão de Maria, em tudo, esteve unida à missão de seu Filho. Ela, como a discípula perfeita, sofreu com Cristo a dura prova da cruz. Por isso continua a exercer na Igreja a missão de Mãe dos aflitos, Perpétuo Socorro e Auxiliadora dos cristãos.

Os relatos da infância de Jesus no Evangelho de Lucas se encerram com a perda e o encontro de Jesus no Templo de Jerusalém (Lc 2,41-52). Maria e José, como bons judeus, iam todos os anos a Jerusalém para celebrar a festa judaica da Páscoa. Em uma dessas idas, quando Jesus tinha doze anos, ao voltarem para Nazaré, perceberam que ele não estava entre os peregrinos na caravana. Com grande angústia, retornaram a Jerusalém; por fim, encontraram-no entretendo-se com os doutores da lei.

Sua mãe, ao vê-lo, disse-lhe: "Meu filho, por que agiste assim conosco? Olha que teu pai e eu, aflitos, procurávamos-te. E Jesus respondeu: Por que me procuráveis? Não sabíeis que devo estar na casa de meu Pai?" (v. 48-49). Não é de se estranhar que Maria e José não compreenderam o significado de tais palavras. Porém "sua mãe conservava a lembrança de todos esses fatos em seu coração" (v. 51).

Ainda hoje, Maria tem muito a dizer para os cristãos do século XXI. Quantas situações da vida escapam de nosso entendimento! Quantas vezes Deus se cala diante de nossos questionamentos ou responde de um modo que não compreendemos! A própria Virgem Maria passou por essa experiência e, no entanto, não se revoltou contra Deus; antes, guardava e meditava em seu coração as duras palavras de Cristo. Por isso o evangelista mariano nos apresenta Maria como a discípula perfeita. Ela é a Mulher da escuta da Palavra, que sabe guardá-la no coração e pô-la em prática na vida.

Por fim, deparamo-nos com a Virgem Maria no Evangelho escrito por São João. Já no Prólogo, Maria aparece de modo implícito, quando o evangelista afirma: "E o Verbo se fez carne e habitou entre nós" (Jo 1,14). Foi no ventre de Maria que o Verbo se fez homem e veio fazer morada entre os homens. Depois, João narra um casamento em Caná da Galileia (Jo 2,1-11); nessa festa estão presentes: Maria, Jesus e seus discípulos.

Caná representa também as núpcias entre Cristo e a Igreja. Quando na vida dos cristãos falta o vinho novo da alegria, Maria vai até Jesus e diz: "Eles não têm mais vinho" (v. 3). Nossa Senhora é a mulher atenta aos sofrimentos de nossa vida, à tristeza, que, muitas vezes, invade nosso coração, ao pecado, que rouba o espaço que pertence a Deus...

Pela prece maternal da Mãe, Jesus antecipa a hora de sua revelação e realiza o milagre de que tanto precisamos.

Caná também nos revela que a missão de Maria é apontar para Cristo: “Fazei tudo o que Ele vos disser” (v. 5). Ela não busca para si holofotes nem reconhecimentos. Seu exemplo nos ensina que nossa vida só será plena quando colocarmos a vontade de Deus acima de nossos próprios interesses. Para ser cristão, é preciso fazer o que Cristo nos pede.

Depois do relato das bodas de Caná, Maria só aparece no Evangelho segundo João, na hora da crucificação (Jo 19,25-27). Ao apresentar Maria, no início da vida pública de Jesus e na hora de sua morte, o evangelista parece querer dizer-nos que a Mãe de Jesus o acompanhou em todos os momentos de sua vida. Ao pé da cruz, ela nos é dada por mãe da Igreja de todos os tempos e todos os lugares.

Cristo já havia se dado na Eucaristia e no madeiro da cruz. Agora, ele quer ainda dar sua mãe para cuidar de todos os seus seguidores. Que presente sublime nós recebemos! Em Maria, a família de Jesus torna-se nossa família. Sua missão materna se estende a todos os discípulos de seu Filho. Por isso é necessário seguir o exemplo de João e acolher Maria, na intimidade de nosso coração. É lá, no mais profundo de nosso ser, que ela nos ensinará a pautar nossa vida de acordo com a vontade do Pai.

Notas de fim

1 BOJORGE, Horácio. *A figura de Maria através dos evangelistas*. São Paulo: Edições Loyola, 1977.

2 No profeta Sofonias e em Jeremias, significa o próprio povo de Israel. Essa expressão aparece pela primeira vez no profeta Miqueias (1,13; 4,10s). Dizer “Filha” era um modo recorrente na antiguidade de se referir a uma população de uma cidade.

3 CONCÍLIO VATICANO II. *Lumen Gentium*, n. 56.

II

A MISSÃO DE MARIA NA VIDA DA IGREJA

Não foi sem razão que os Padres do Concílio Vaticano II, após uma vasta reflexão a respeito da doutrina sobre a realidade histórica salvífica do Povo de Deus, inseriram dentro do mistério de Cristo e da Igreja a pessoa de Maria. Assim, ressaltaram a missão de Maria na obra da redenção. O capítulo VIII, da Constituição Dogmática *Lumen Gentium*, realça a contribuição da Virgem, para compreender em que consiste o ministério da Igreja. Com razão, o papa Paulo VI, em sua Exortação Apostólica *Marialis Cultus*, afirmou que “não se pode falar de Igreja sem que Maria esteja presente”.[1]

As Sagradas Escrituras nos revelam que, desde o início da vida da Igreja, lá estava a Virgem Maria, acompanhando os Apóstolos e os demais discípulos de seu Filho: “Todos estes, unânimes, perseveravam na oração com algumas mulheres, entre as quais Maria, a mãe de Jesus, e com seus irmãos” (At 1,14). Merece nota o fato de que Lucas, ao relatar os primeiros momentos da vida da Igreja, cita o nome dos apóstolos e, em seguida, o nome de Maria. Mostra, assim, sua importância para a vida de fé da Igreja primitiva.

Já na infância da fé cristã, cumpre-se a profecia da Virgem Maria: “Todas as gerações me chamarão de bem-aventurada” (Lc 1,48). O Concílio Vaticano II nos recorda que, entre os discípulos de Jesus, Maria exerce uma missão eminente. Ela é o grande modelo de fé da Igreja. Quem melhor do que Maria desperta em todos os crentes o sentido de pertença a Cristo e de compromisso com o Reino de Deus?

A presença de Maria entre os apóstolos, esperando a efusão do Espírito Santo, recorda-nos de que ela foi a primeira cristã a ser plenificada pela ação do Espírito (Lc 1,35). Em Maria, realizou-se o primeiro Pentecostes. "Na anunciação, Gabriel diz a Maria: 'O Espírito Santo virá sobre ti'".[2] O Pai, à sombra do Espírito, fê-la Mãe do Messias. Agora, mais uma vez, o Espírito, em Pentecostes, faz maria Mãe da Igreja.

Sua missão na Anunciação era a de ser Mãe do Filho de Deus; no Pentecostes, essa maternidade é efetivamente estendida a todos os cristãos. O Espírito Santo confirma as palavras de Cristo ao discípulo amado: "Eis aí tua mãe" (Jo 19,27). Desse modo, o papel da Virgem no alvorecer da Igreja e a função que ela exerce agora estão intimamente ligados.

Maria, que seguiu o Filho em toda a sua vida pública, tornando-se sua fiel discípula, agora acompanha o povo de Deus, como mãe solícita e membra eminente da Igreja. O relato das bodas de Caná se encerra afirmando que ela acompanhava Jesus em meio a seus discípulos: "Desceram a Cafarnaum, ele, sua mãe, seus irmãos e seus discípulos, e ali ficaram apenas alguns dias" (Jo 2,12). Após a Ascensão do Filho, ela permaneceu unida, "com os irmãos de Jesus" (At 1,14).[3]

Isso é motivo de grande alegria para todos nós que, mais de dois mil anos depois desses fatos, continuamos tendo entre nós a presença maternal da Mãe de Jesus. Quando Lucas ressalta a figura da "mãe de Jesus" (At 1,14) entre os discípulos, após a Ascensão de Cristo ao céu, parece querer dizer que algo da presença do Filho, que voltou para o Pai, permanece, na presença da mãe. Maria nos recorda o rosto humano de Jesus.

Enquanto Maria estiver presente na vida da Igreja, sempre nos lembrará nosso compromisso com Cristo. Como membro eminente do povo de Deus, seu exemplo e seu testemunho de doação ao Reino nos impulsionam a querer fazer sempre mais de Jesus nosso único tesouro. O Pai entregou uma missão a Maria, que se perpetuará até que Cristo seja tudo em todos. Assim sendo, é na escola da Virgem que aprenderemos quais são as virtudes necessárias para cumprirmos com autenticidade nossa missão e vivermos com fidelidade nosso ser cristão.

Maria nos educa para vivermos em constante comunhão com Deus, nutrindo uma vida de intimidade com Ele, por meio da oração. Não existe vida cristã, sem um encontro pessoal e diário com Cristo. É na participação na comunidade de fé, que é a Igreja, que nos alimentamos na mesa da Palavra e da Eucaristia. Assim, a Mãe Maria e a Mãe Igreja se encarregam de gerar Cristo em nós.

A relação entre Maria e a Igreja

O Concílio Vaticano II nos recorda que Maria é a figura da Igreja "na ordem da fé, da caridade e da perfeita união com Cristo".[4] Ela, a primeira bem-aventurada da nova aliança, por aderir em corpo e alma ao projeto do Pai, é a imagem perfeita da Igreja, que deve ser toda de seu Senhor. Desse modo, é venerada por todos os fiéis católicos, desde os primeiros séculos do cristianismo.

Em sua condição de *Virgem e Mãe*, Maria é o modelo supremo da Igreja. Toda a sua vida foi intimamente unida ao mistério de Cristo. Desse modo, também permanece presente no mistério da Igreja. Como Maria, a Igreja é chamada a ser virgem e mãe. Virgem, porque em sua integridade deve pertencer exclusivamente ao Senhor, e mãe, porque na pia batismal gera os cristãos e, pelos sacramentos, dá-nos o Espírito de Cristo.

> Acolhendo a palavra de Deus, que lhe foi revelada na Anunciação, e a ela permanecendo fiel em todas as provações até a Cruz, assim também a Igreja se torna mãe quando, acolhendo com fidelidade a palavra de Deus, pela pregação e pelo batismo, gera para uma vida nova e imortal os filhos, concebidos por obra do Espírito Santo e nascidos de Deus.[5]

É por meio do exemplo de Maria e de sua presença como membro eminente do povo de Deus que a Igreja aprende a exercer sua maternidade. É do cerne vocacional da Igreja a função maternal, gerando filhos e filhas da família humana, para viverem em Cristo uma vida nova. Pela vivência sacramental, os cristãos têm a oportunidade de buscar a cada dia a realização de suas esperanças, que se concretizarão no céu, onde a Virgem Imaculada já está glorificada.

É por meio do exemplo de Maria que a Igreja permanece fiel a Cristo, seu único esposo. O Concílio Vaticano II, comparando a Igreja com Maria, afirmou: "Também ela é virgem, que guarda íntegra e pura a fé jurada ao Esposo".[6] Fé recebida do próprio Cristo, pois, como nos afirmou o autor da Carta aos Hebreus: "Ele é o autor e consumador de nossa fé" (Hb 12,2).

A Igreja, em seu Magistério, guarda e ensina a Palavra de Deus, assim como Maria a "guardava e meditava em seu coração" (Lc 2,19.51). Desse modo, compreende-se o porquê de tudo o que se refere a Maria pode referir-se também à Igreja. Em síntese, elas vivem envoltas em um único mistério e proclamam uma única realidade: "O Poderoso fez em mim maravilhas" (Lc 2,49).

A relação entre Maria e a Igreja se dá de um modo dialético. Ao mesmo tempo em que ela é modelo e membro do povo de Deus, ela é Mãe da Igreja: "Mulher, eis aí teu filho" (Jo 19,27). Essas palavras determinam o lugar da Virgem, na vida dos discípulos de Cristo, ao longo de toda a história do cristianismo. Nenhum cristão pode sentir-se alheio a essa realidade.

A presença de Maria na vida da Igreja

A presença de Maria na vida da Igreja comunica uma imensa riqueza espiritual para os cristãos. Ela, a Filha de Sião, antecipa-nos na adesão a Jesus Cristo. Sua fé não é passiva, sua resposta a Gabriel é audaz e consciente. Em Caná, mostra-se atenta aos dilemas humanos e, por seu intermédio, Jesus antecipa a hora de sua revelação, realizando seu primeiro milagre (Jo 2,11). Ainda hoje, a Virgem continua a exercer sua mediação maternal, diante dos sofrimentos vividos pelo ser humano.

Maria nos ensina que a fé é um caminho que deve envolver toda a nossa vida. Quando as dificuldades exigem de nós maturidade e abandono em Deus, é da Virgem que nós aprendemos que são necessárias coragem e perseverança constantes. Ela é a Mulher de fé por excelência, porque tudo nela está submetido à vontade divina. Sua presença na vida da Igreja desperta nos fiéis o desejo de se colocarem cada dia à escuta atenta da Palavra do Senhor.

Com Maria, aprendemos que viver pautados pelo Evangelho significa colocar toda a nossa esperança nos bens futuros. A Igreja sabe que a Virgem Assunta ao Céu é a imagem de sua glória futura. Por isso procura imitar os exemplos da Mãe de Jesus: a beleza de sua alma toda imersa em Deus, uma fé ardente e capaz de superar todos os obstáculos, doação total ao Reino, sem buscar para si reconhecimentos humanos.

Aos cristãos de todos os tempos Maria mostra-se sempre atenta às suas necessidades. Na vida da Igreja, ela é a estrela, que brilha, como sinal de esperança, em meio aos embates contra as forças do mal. Desse modo, ensina-nos que a vida cristã exige compromisso sincero de conversão, sinal de unidade e testemunho evangélico, desapego de si e cuidado dos pobres.

Sua presença constante na vida da Igreja está ligada a sua maternidade divina. Como Mãe de Cristo, Maria é também Mãe da Igreja. Em Roma, no dia 21 de novembro de 1964, durante o Concílio Vaticano II, o papa Paulo VI afirmou: “Maria é Mãe da Igreja, isto é, Mãe de todo o povo Cristão, tanto dos fiéis como dos pastores”.[7]

É impossível falar de Cristo e da Igreja deixando à margem Maria de Nazaré. Desde toda a eternidade (Gn 3,15), Deus sonhou com Maria e, “na plenitude dos tempos, enviou seu Filho, nascido de Mulher [...], a fim de que recebêssemos a adoção filial (Gl 4,4). No ventre bendito da Virgem, a humanidade encontrou o sentido da história humana. Alegra-nos saber que ela foi uma mulher simples do povo judeu, que em sua condição de *serva do Senhor* tornou-se aurora de um novo tempo. O Concílio Vaticano II diz:

> Por esta razão é também saudada como membro supereminente e absolutamente singular da Igreja, e como seu protótipo e modelo acabado da mesma, na fé e na caridade; e a Igreja católica, guiada pelo Espírito Santo, honra-a como Mãe amantíssima, dedicando-lhe afeto de piedade filial.[8]

Assim sendo, na vida da Igreja, Maria ocupa o lugar de maior honra depois de Cristo e, junto ao povo de Deus, faz-se companheira de caminhada. Ela é nossa irmã primeira na fé. Sua missão de gerar em seu ventre o Verbo Divino a fez sinal de esperança para “o povo que andava nas trevas” (Is 9,2). O povo da Antiga Aliança, que esperava a vinda do Messias, viu realizada, no seio de Maria, a promessa messiânica; por isso pôde dizer com Simeão: “Meus olhos viram tua salvação” (Lc 3,30). Cristo é a salvação do Pai, que, no ventre da Virgem Maria, se fez homem para que os homens tivessem a vida em plenitude.

Por sua entrega total e incondicional ao Pai, Maria se tornou o grande modelo de santidade para a Igreja. São Paulo nos afirma que “Cristo amou a Igreja e se entregou por ela, a fim de purificá-la com o banho da água e santificá-la pela Palavra, para apresentar a si mesmo a Igreja, gloriosa, sem mancha nem ruga, ou coisa semelhante, mas santa e irrepreensível" (Ef 5,25-27). Desse modo, o Concílio Vaticano II ressaltou que em Maria a Igreja alcançou a perfeição (LG, 65), pois, glorificada no céu, ela é a imagem perfeita do futuro da Igreja.

A Igreja é uma comunidade de fé, onde vivem homens e mulheres que, pelo Batismo, são chamados a uma vida de santidade, ou seja, de intimidade com Deus. O Pai não pede para que sejamos impecáveis, pois "ele conhece nossa estrutura, ele se lembra do pó que somos nós" (Sl 103,14). No entanto Ele espera que trilhemos um caminho que nos leve à vida plena com Ele. Esse caminho é o que chamamos de busca incessante da santidade.

Nesse árduo caminho, que, por vezes, exige de nós ascese e mortificação, somos encorajados pela presença da Virgem Maria. Ela é o modelo de todas as virtudes. O convite que Cristo fez a seus discípulos, no sermão da montanha, continua ressoando em nossos corações: "Deveis ser perfeitos como vosso Pai Celeste é perfeito" (Mt 5,48). Em outras palavras, Cristo nos pede que pautemos nossa vida conforme a vontade de Deus. Quem melhor do que Maria viveu essa realidade?

A Igreja reconhece nela o grande modelo a ser seguido, com ela persevera na oração, a exemplo da comunidade primitiva (At 1,14), e dela aprende que, para ser fiel no discipulado, é necessário fazer aquilo que Jesus nos pede (Jo 2,5). Assim sendo, a presença da Virgem Maria na vida da Igreja não é acidental, mas essencial. Por isso o Concílio Vaticano II recordou que

> [...] em sua ação apostólica, a Igreja olha com razão para aquela que gerou a Cristo, o qual foi concebido por ação do Espírito Santo e nasceu da Virgem precisamente para nascer e crescer

> também no coração dos fiéis, por meio da Igreja. E, em sua vida, deu a Virgem exemplo daquele afeto maternal de que devem estar animados todos quantos cooperam na missão apostólica que a Igreja tem de regenerar os homens.[9]

Não somos membros da Igreja de Maria. Somos membros da Igreja de Cristo. No entanto, nessa Igreja, que tem Cristo como cabeça, Maria é um *modelo supereminente*. É a chave que nos permite ter acesso àquele que é a razão e o fundamento de nossa fé. Sua presença entre nós vem nos recordar que Deus nos criou para eternidade e será lá que Ele nos glorificará e nos dará a coroa imperecível, que foi reservada para os eleitos.

Notas de fim

1 PAULO VI. *Exortação Apostólica Marialis Cultus*. São Paulo, Paulinas, 1974, n. 28.

2 Cf. SILVA, Cleyson Fellipe do Prado. *Maria, para os jovens*. São Paulo: Editora Canção Nova, 2020.

3 Nota: O termo "irmãos de Jesus" não se refere a irmãos de sangue, mas, antes, laços parentais e de amizade, como era costume, na cultura judaica da época.

4 CONCÍLIO VATICANO II. *Lumen Gentium*, n. 63.

5 JOÃO PAULO II. *Redemptoris Mater*, n. 43.

6 CONCÍLIO VATICANO II. *Lumen Gentium*, n. 64.

7 PAULO VI. Discurso de 21 de novembro de 1964.

8 CONCÍLIO VATICANO II. *Lumen Gentium*, n. 53.

9 Ibid., n. 65.

III

A MISSÃO DE MARIA NA IGREJA NA AMÉRICA LATINA

O Concílio Vaticano II foi de fato um sopro do Espírito Santo na vida da Igreja. Aquele que disse: "Eis que faço novas todas as coisas" (Ap 21,5) quer renovar sempre nos fiéis o ardor missionário e impulsioná-los a avançar para águas mais profundas. Foi com o desejo de corresponder às moções do Espírito no Concílio Vaticano II que a Igreja na América Latina se propôs a refletir sobre o modo como poderia contribuir, ainda mais, com a implantação do Reino de Deus no mundo.

Maria e a Conferência Geral dos bispos latino-americanos no Rio de Janeiro

Antes mesmo que o papa João XXIII desse início ao Concílio Ecumênico Vaticano II, os bispos da América Latina, atendendo ao pedido do papa Pio XII, realizaram, em 1955, no Rio de Janeiro, a primeira Conferência Geral dos bispos latino-americanos. A intenção foi a de um profundo desejo de corresponder às necessidades dos tempos, refletir sobre os problemas eclesiais e buscar caminhos seguros para permanecer na fidelidade ao Evangelho de Jesus Cristo.

A primeira Conferência Geral dos bispos da América Latina não deixou que passasse despercebida a reflexão sobre os problemas sociais, as missões, os povos indígenas, a população de origem africana, os imigrantes, os marítimos, a falta de sacerdotes e religiosos(as) em muitos locais marcados pela pobreza e pela urgente necessidade de tornar Cristo conhecido e amado. A Conferência fez questão de assinalar o auxílio especial de Maria na vida da Igreja. O que vem confirmar, ainda mais, as palavras de Paulo VI: "Não se pode falar de Igreja sem que Maria esteja presente".[1]

No número 56 do Documento da Conferência, realizada no Rio de Janeiro, é feita uma exortação aos párocos, para que, na função de ensinar ao povo de Deus, buscando seu progresso espiritual, fizesse reflorescer a devoção mariana para com a Mãe e Rainha do continente americano, propagando sua devoção e enfatizando a importância do mês mariano.

Mais à frente, no número 70, os bispos expressaram o desejo de que se fizessem cruzadas de oração, pedindo pela preservação e pelo progresso da fé católica na América Latina. Para isso, indicaram a piedade mariana como uma arma preciosa para defesa da fé, tendo em mente as diversas formas de devoção mariana próprias de cada região. Na história da Igreja, Maria sempre foi invocada como Advogada e Auxiliadora dos cristãos, sobretudo na luta contra os inimigos da Igreja.

Por fim, o documento apresenta a devoção mariana como o segredo da fecundidade apostólica. Aquela que gerou em seu ventre aquele, que é a Palavra Eterna do Pai e a Boa-Nova para o povo de Deus, gera agora em nosso coração o ardor missionário e o desejo de nos tornarmos fiéis anunciadores de Cristo. Maria, para a Igreja latino-americana, é a grande estrela da evangelização.

Maria e a Conferência Geral dos bispos latino-americanos em Puebla

A terceira Conferência Geral dos bispos latino-americanos foi convocada pelo papa Paulo VI, mas não aconteceu devido a sua morte. Seu sucessor, João Paulo I, confirmou a realização da dita Conferência; no entanto também não pôde realizá-la, pois seu pontificado durou apenas um mês. Por fim, a Conferência efetivou-se de 27 de janeiro a 13 de fevereiro de 1979, sob o pontificado de João Paulo II.

O documento de Puebla tem um caráter pastoral e se tornou uma grande fonte de inspiração para a caminhada da Igreja na América Latina. Os meses que antecederam a Conferência foram de grande preparação e contou com a participação de muitas pessoas inseridas nos meios populares. Puebla utilizou o consagrado método teológico, que se baseia em três pontos fundamentais para responder às necessidades dos tempos: ver, julgar e agir.[2]

O fio condutor do documento é a opção preferencial pelos pobres, pois, como dizia o mártir São Lourenço: "Os pobres são a riqueza da Igreja". O Evangelho de Cristo é contrário a toda forma de violência e descaso com a dignidade da pessoa humana. Na luta e defesa dos marginalizados, a Igreja conta com Maria de Nazaré. Ela é a mãe dos aflitos, dos que vivem à margem da sociedade e daqueles que necessitam encontrar em Jesus a força necessária para suportar as duras penas da vida.

Nas primeiras páginas do documento, os bispos afirmam: "Maria é para a Igreja motivo de alegria e fonte de inspiração, por ser a Estrela da Evangelização e a Mãe dos povos da América Latina".[3] A primeira parte do documento é dedicada a uma vasta reflexão sobre a pessoa de Maria e sua missão em meio aos cristãos latino-americanos. Nela se concretiza a realização mais alta da evangelização.

> Em nossos povos, o Evangelho tem sido anunciado, apresentando a Virgem Maria como sua realização mais alta. Desde os primórdios – em sua aparição e invocação de Guadalupe –, Maria tornou-se o grande sinal, de rosto materno e misericordioso, da proximidade do Pai e de Cristo com quem ela nos convida a entrar em comunhão. Maria foi também a voz que deu impulso à união dos homens e dos povos. Como em Guadalupe, os outros santuários marianos do Continente são sinais do encontro da fé da Igreja com a história latino-americana.[4]

Não é por acaso que, diariamente, centenas de pessoas passam por nossos santuários marianos. Em Maria, seus devotos podem encontrar refúgio na hora da dor e um impulso para se configurarem a Cristo. Sabendo que a Conferência Episcopal latino-americana, realizada em Puebla, tem entre suas características a reflexão sobre a dignidade humana, o documento nos apresenta Maria como um grande modelo de ser humano. Dessa forma, ele nos ensina que a devoção mariana consiste, sobretudo, em imitar os exemplos da Mãe de Jesus.

Paulo VI, na Exortação Apostólica *Marialis Cultus,* ressaltou a importância de cultivar no coração uma profunda devoção mariana. Essa é uma das características da vida de fé do povo latino-americano. "O povo fiel reconhece na Igreja a família que tem por mãe a Mãe de Deus. Na Igreja confirma seu instinto evangélico segundo o qual Maria é o modelo perfeito do cristão, a imagem ideal da Igreja."[5]

Desde os primeiros séculos da era cristã, os cristãos reconheceram Maria como Mãe de Deus: "É verdadeiramente digno de chamar-te Theotókos, Mãe de Deus!" Essa maternidade foi estendida a todos os discípulos de Cristo. Como nos afirmou o Concílio Vaticano II, ela é "nossa Mãe na ordem da graça"[6]. Hoje, a Igreja perpetua a missão de Maria, gerando novos filhos para Deus. Assunta ao céu, a Virgem continua a exercer sua missão maternal: "Maria não vela apenas pela Igreja. Tem um coração tão grande quanto o mundo e intercede ante o Senhor da história por todos os povos. Isso bem registra a fé popular que põe nas mãos de Maria, como Rainha e Mãe, o destino de nossas nações".[7]

Como Mãe, é também nossa Mestra na fé. Seu maior desejo é que o Evangelho se encarne em nossa vida, transforme nosso coração e produza em nós os frutos da santidade. A Igreja na América Latina, marcada por tantos desafios, é chamada a olhar para Maria e seguir seu exemplo, que consiste em revelar Cristo aos pobres e aos que estão abandonados à mercê da sorte. O papa Francisco, desde o início de seu pontificado, tem insistido em uma *Igreja em saída,* ou seja, uma Igreja que, como Maria, tem pressa de anunciar aos homens que o Verbo se fez Emanuel (Deus conosco).

Por isso mesmo, a missão de Cristo e a missão de Maria estão interligadas. De Belém a Jerusalém, foi a fiel companheira do Senhor em todos os caminhos. Doou-se generosamente, sem pedir provas e sem revoltar-se contra Deus, quando permitiu que o seu único Filho morresse, de uma morte reservada aos piores pecadores da face da terra. Sofreu com Cristo e, de certo modo, foi crucificada com ele.

> Ela não é apenas o fruto admirável da redenção; é também sua cooperadora ativa. Em Maria se manifesta claramente que Cristo não anula a criatividade dos que o seguem. Ela, associada a Cristo, desenvolve todas as suas capacidades e responsabilidades humanas, até chegar a ser a nova Eva juntamente com o novo Adão. Maria, por sua livre cooperação na nova aliança de Cristo, é juntamente a Ele protagonista da história. Por esta comunhão e participação, a Virgem Imaculada vive agora imersa no mistério da Trindade, louvando a glória de Deus e intercedendo pelos homens.[8]

Os bispos latino-americanos, reunidos em Puebla, para refletir sobre a vida da Igreja nesse continente, encontraram na Mãe de Jesus o grande modelo de fé para ser apresentado ao povo de Deus. Em sua virgindade perpétua, Maria mostra-se inteiramente de Deus; tudo nela é exclusivamente para seu Senhor. Com isso, ela nos convida a fazermos uma opção radical, fazendo de Cristo nossa única riqueza.

Em um continente, marcado pela pobreza, pela desigualdade social e por tantas formas de injustiça, Maria se apresenta como a mãe dos pobres e daqueles que são feridos em sua integridade humana. Em Guadalupe, apareceu com aspectos de uma mulher indígena e, em Aparecida, como uma mulher negra – símbolo da escravidão, de um povo sofrido e humilhado. Assim, Maria se mostra sempre mãe dos pequenos e indefesos, esperança daqueles que vivem na desesperança. Seu cântico tornou-se o cântico de seus filhos.

> O Magnificat é espelho da alma de Maria. Neste poema conquista seu cume a espiritualidade dos pobres de Javé e o profetismo da Antiga Aliança. É o cântico que anuncia o novo Evangelho de Cristo. É o prelúdio do sermão da montanha. Aí Maria se nos manifesta vazia de si própria e depositando toda a sua confiança na misericórdia do Pai.[9]

Maria, melhor que qualquer outra criatura, pôde cantar o *Magnificat*, porque, desde sua conceição, Deus a fez Imaculada e a tornou "o rosto do homem novo redimido por Cristo".[10] Foi salva do pecado, antes mesmo que nascesse, e totalmente livre para dizer sim ou não ao plano do Pai na salvação da humanidade. Por aderir à proposta que lhe foi feita por Gabriel e por ter sido em tudo fiel, foi elevada à glória celeste como imagem do futuro da Igreja. "No corpo glorioso de Maria, começa a criação material a ter parte no corpo ressuscitado de Cristo."[11]

O objetivo dos bispos latino-americanos era de que essa verdade de fé chegasse aos ouvidos de todos os cristãos presentes na América Latina e nas demais regiões do mundo. A dor e o sofrimento não são as últimas palavras de Deus. Quando o povo sofre com a fome, a falta de uma educação de qualidade, os meios necessários para se ter uma boa saúde, o próprio Senhor se faz presente em suas angústias. Deus não nos livra do sofrimento, mas sofre conosco; a prova disso é a cruz de Cristo.

De nossa parte, quando somos capazes de sofrer com Cristo, como Maria ao pé da cruz (Jo 19,25-27), a recompensa está em, com Ele, ressuscitarmos para uma vida nova. Como nos atestou São Paulo, "Se morremos com Cristo, temos fé de que também viveremos com ele" (Rm 6,8). Maria, que participou da morte do Filho, agora, assunta ao céu, participa com Ele da glória eterna e, dia e noite, intercede pelos que ainda sofrem.

A Conferência de Puebla também se pôs ao lado de tantas mulheres latino-americanas que sofrem com as diversas formas de violência, ainda vigentes em nossa sociedade. A Mãe de Jesus não é um ente abstrato, ela é humana, ela é uma mulher: "Em Maria, o Evangelho penetrou a feminilidade, redimiu-a e exaltou-a".[12] Toda forma de desvalorização do ser feminino é contrária à Palavra de Deus, que, na Mulher nazarena, se fez carne.

Puebla procura responder, de um modo muito concreto, às exigências catequético-pastorais do povo latino-americano, apresentando Maria como "o ponto de união entre o céu e a terra",[13] pois ela nos ajuda a compreender quem é Cristo: só assim é que podemos entender quem é o homem. O homem, criado à imagem e semelhança de Deus, é convidado a se espelhar em Cristo, o Homem Perfeito. Daí a insistência de Puebla na defesa da dignidade humana.

O homem latino-americano, por vezes tão sofrido, pode encontrar em Maria um alívio na hora da dor. Além do mais, seu exemplo de *Mulher forte* ajuda-o a superar tudo o que pode lhe causar sofrimentos. Maria, que está glorificada no céu, é a mesma que caminhou nas periferias da história humana de cada um dos cristãos. Sendo assim, podemos chamá-la de *Mãe Maria* e de *Irmã Maria*. Depois de Cristo, nunca, ninguém se fez tão próximo da dor humana como a jovenzinha de Nazaré.

Maria e a Conferência Geral dos bispos latino-americanos em Santo Domingo

A conferência de Santo Domingo teve como norte a temática proposta pelo papa João Paulo II: "Nova evangelização, promoção humana e cultura cristã". O termo *nova evangelização* é uma das marcas de seu pontificado. É um novo jeito de levar a mensagem do Evangelho, sobretudo, considerando a pessoa humana e a cultura cristã, tão presentes na Igreja latino-americana.

A referida Conferência foi realizada em Santo Domingo, entre os dias 12 e 28 de outubro de 1992. Tinha como um dos objetivos avaliar os resultados obtidos pelas conferências de Medellín e Puebla. Contou com a participação de vários leigos comprometidos com a vida de fé da comunidade. O texto final da Conferência tornou-se uma fonte de inspiração para a Igreja na América Latina.

Na primeira parte do documento final, os bispos, ao renderem graças a Deus, por sua misericórdia, afirmaram a presença de Maria entre eles, assim como esteve entre os Apóstolos no Cenáculo, em Jerusalém. De fato, em todos os momentos da vida da Igreja, os cristãos sentiram-se confortados por saber que podiam contar sempre com a Mãe de Jesus. A Igreja, que deseja cumprir o mandato do Senhor: "Ide, e fazei discípulos meus todas as nações" (Mt 28,19), encontrou em Maria o modelo perfeito do discípulo-missionário.

Assim afirmaram os bispos reunidos em Santo Domingo: "Confirmando a fé do nosso povo, queremos proclamar que a Virgem Maria, Mãe de Cristo e da Igreja, é a primeira redimida e a primeira crente".[14] Sendo Maria a primeira evangelizada, tornou-se entre os discípulos a primeira evangelizadora, um testemunho de oração, de escuta da Palavra de Deus e disponibilidade ao serviço do Reino. Desse modo, é para o povo latino-americano a estrela que conduz a Cristo. Além do mais, em Guadalupe, mostrou-se a Juan Diego como gente de nossa gente.

Ela, por ter nos precedido no caminho da fé e da glória eterna, pode nos acompanhar nos momentos em que a invocamos. Por isso, com profunda alegria e profundo agradecimento, recorremos ao dom imenso de sua maternidade, de sua ternura e proteção e queremos amá-la, como o próprio Jesus a amou. É característica fundante do povo de Deus, presente nos cinco continentes, identificar-se com Maria de Nazaré. A devoção para com ela consiste, sobretudo, em imitar suas virtudes.

Na segunda parte do referido documento, os bispos relataram: "Durante nossa IV Conferência temos estado, com Maria, escutando a Palavra, para comunicá-la ao nosso povo".[15] A Igreja fala em seu Magistério daquilo que acredita e experimenta em sua vida de intimidade com Cristo. Por isso nos exorta dizendo que o caminho do discípulo é de busca da santidade e apresenta como modelo a primeira bem-aventurada da Nova Aliança (Lc 1,42).

Tendo em vista que "somente a santidade de vida alimenta e orienta uma verdadeira promoção humana e uma cultura cristã"[16], Cristo é a referência por excelência do povo cristão. É seu Espírito quem santifica seus discípulos: "Não sabeis que sois templo de Deus e que o Espírito de Deus habita em vós" (1Cor 3,16). Assim sendo, desde o Batismo, somos convidados a vivermos no seguimento de Jesus Cristo e em obediência ao Espírito Santo.

Os bispos, reunidos em Santo Domingo, afirmaram que a Igreja na América Latina necessita de homens e mulheres novos, que, com coração bom e reto, escutem o apelo de

Deus à conversão e sejam solidários com aqueles que mais sofrem. Maria, mulher atenta aos dramas da sociedade, ensina-nos que a vida cristã exige mudança de atitudes e compromisso com os marginalizados.

Assim como em Puebla, a Conferência de Santo Domingo, olhando para Maria, reafirmou a importância das mulheres na vida da Igreja. Jesus, em seu tempo, devolveu às mulheres sua dignidade e a elas, antes que os apóstolos, confiou o anúncio da ressurreição. Ele, "nascido de mulher" (Gl 4,4), deu-nos em Maria o modelo eminente e singular de *Virgem e Mãe*. Ela, por sua vez, tornou-se protagonista da história e, cooperando livremente com o plano divino da salvação, foi elevada à máxima participação na redenção.

Desse modo, Maria exerce uma missão muito importante na vida das mulheres latino-americanas: convida-as a colocarem sua feminilidade a serviço do Reino de Deus. A Virgem Mãe é o protótipo da mulher, pois, em sua integridade feminina, cooperou ativamente com Deus na economia da salvação. Além do mais, ela é o grande modelo de educadora, missão esta que as mulheres costumam desempenhar com muita competência nos vários setores da sociedade.

As mulheres são fortes diante da dor. Maria, ao pé da cruz (Jo 19,25-27), quanta maturidade espiritual, quanta confiança e quanto abandono nas mãos de Deus! Ela não pedia vingança para os algozes, mas em seu silêncio contrariou a maldade humana, mostrando que forte não é quem mata, quem pisa nos pequeninos, quem é indiferente aos sofrimentos do mundo, mas quem é capaz de passar pela dor e manter em paz seu coração. Maria é o ser humano mais livre de si mesmo que o mundo já conheceu. Tudo nela se identifica com Deus.

A Conferência de Santo Domingo, ao desenvolver as linhas pastorais para a Igreja latino-americana, pediu que se desenvolvesse uma catequese que instruísse devidamente o povo, no que se refere à mediação da Virgem Maria e dos santos.[17] Por muito tempo, idealizou-se a figura de Maria, tornando-a distante da realidade humana. É bem verdade que ela é toda santa, pura e sem mancha alguma de pecado; no entanto, em sua condição de mãe, ela sabe acolher seus filhos em suas fragilidades.

Sua mediação consiste, sobretudo, em nos levar a Cristo. Desse modo, Maria é parte indissociável da identidade da Igreja, que tem como objetivo principal comunicar Cristo aos homens. Em todos os povos e todas as culturas, é missão da Igreja o anúncio do Evangelho. Na América Latina, a mensagem da Boa-Nova deve ser mais uma vez comunicada aos pobres, como fez Maria em Guadalupe, ao se fazer indígena com os indígenas e humilde com os humildes.

Maria e a Conferência Geral dos bispos latino-americanos em Aparecida

A 5ª Conferência Geral do Episcopado Latino-americano aconteceu em Aparecida, de 13 a 31 de maio de 2007. Tinha como objetivo responder às inquietações de como os cristãos poderiam ser Igreja diante das situações de nosso continente. O tema da Conferência expressava o cerne da vocação cristã: "Discípulos e missionários de Jesus Cristo, para que nele nossos povos tenham vida – 'Eu sou o Caminho, a Verdade e a Vida'" (Jo 14,6).

A Conferência ressaltou a piedade popular como lugar de encontro com Jesus Cristo, afirmando:

> Nossos povos se identificam particularmente com o Cristo sofredor, olham-no, beijam-no ou tocam seus pés machucados... Também encontram a ternura e o amor de Deus no rosto de Maria. Nela veem refletida a mensagem essencial do Evangelho. Nossa Mãe querida, desde o santuário de Guadalupe, faz sentir a seus filhos menores que eles estão na dobra de seu manto. Agora, desde Aparecida, convida-os a lançar as redes ao mun-

> do, para tirar do anonimato aqueles que estão submersos no esquecimento e aproximá-los da luz da fé. Ela, reunindo os filhos, integra nossos povos ao redor de Jesus Cristo.[18]

A Conferência de Aparecida apresentou Maria como discípula e missionária, em quem nos foi dada "a máxima realização da existência cristã como um viver trinitário de 'filhos no Filho'".[19] Mais à frente, ressaltou que: "com sua fé, Maria chega a ser o primeiro membro da comunidade dos crentes em Cristo, e também se faz colaboradora no renascimento espiritual dos discípulos".[20] A missão de Maria, expressa no Documento de Aparecida, enfatiza a necessidade de uma Igreja missionária, portadora da Boa-Nova.

> Maria é a grande missionária, continuadora da missão de seu Filho e formadora de missionários. Ela, da mesma forma como deu à luz o Salvador do mundo, trouxe o Evangelho a nossa América. No acontecimento de Guadalupe, presidiu, juntamente com o humilde João Diego, o Pentecostes, que nos abriu aos dons do Espírito. A partir desse momento, são incontáveis as comunidades que encontram nela a inspiração mais próxima para aprenderem como ser discípulo e missionários de Jesus.[21]

É Maria a grande Mestra do povo Latino-americano. É dela que se aprende a testemunhar com a própria vida o senhorio de Cristo, e a ser pobre com os pobres. Ela é a Mulher atenta à Palavra de Deus, por isso nos ensina que toda ação missionária da Igreja deve ser pautada pela escuta do Evangelho. O discípulo-missionário é aquele que se encantou por Jesus e por sua proposta de salvação. Assim, tornou-se fiel portador dessa mensagem, que liberta e restaura o homem, fazendo-o participante da vida divina.

Notas de fim

[1] PAULO VI. *Exortação Apostólica Marialis Cultus*. São Paulo, Paulinas, 1974.

[2] Nota: O método ver, julgar e agir é de autoria de Santo Tomás de Aquino, Doutor da Igreja, que o desenvolveu no período escolástico e que ficou consagrado no período pós-conciliar, no século XX.

[3] PUEBLA. *A evangelização no presente e no futuro da América Latina*. Petrópolis: Editora Vozes, 1979, n. 168.

[4] Ibid., n. 282.

[5] Ibid., n. 285.

[6] CONCÍLIO VATICANO II. *Lumen Gentium*, n. 61.

[7] PUEBLA. *A evangelização no presente e no futuro da América Latina*. Petrópolis: Editora Vozes, 1979, n. 289.

[8] Ibid., n. 293.

[9] Ibid., n. 297.

[10] Ibid., n. 289.

[11] Ibid., n. 298.

[12] Ibid., n. 299.

[13] Ibid., n.301.

[14] Conferência Geral do Episcopado Latino-americano em Santo Domingo, n. 15.

[15] Ibid., n. 31.

[16] Ibid., n. 31.

[17] Cf. Ibid., n. 142.

[18] Documento de Aparecida, n. 265.

[19] Ibid., n. 266.

[20] Ibid., n. 266.

[21] Ibid., n. 269.

IV

A DIMENSÃO SOCIAL DA MISSÃO DE MARIA

É verdade que nossa manifestação de amor para com a Mãe de Jesus, expressa na devoção mariana, é parte fundamental de nossa vida de fé e de nosso caminho em busca da santidade. Entretanto essa devoção não nos isenta do compromisso cristão em defesa dos pobres e marginalizados, pelo contrário, impulsiona-nos a meditarmos o *Magnificat*, também na perspectiva de nossos irmãos que mais sofrem com os dramas da desigualdade social e de tantas outras formas de injustiça presentes em nossa sociedade.

A mariologia traz consigo uma dimensão social, pois procura de um modo teológico-mariano responder às diversas formas de pobreza que desfiguram a imagem dos filhos de Deus. A Mãe de Jesus é também a Mãe dos que sofrem, dos que lutam por um mundo de irmãos e daqueles que não se conformam com uma sociedade em que milhares de pessoas vão dormir sem saber o que comerão no dia seguinte, ao passo que outras esbanjam o dinheiro em interesses pessoais. Não é objetivo da mariologia a reflexão político-partidária sobre esses fatos, cabe-lhe, sim, a reflexão evangélica na qual os pequenos são exaltados (Lc 1,52).

O Magnificat

O *Magnificat* é um dos mais belos poemas presentes nas Sagradas Escrituras. Nele nós compreendemos quem é Maria de Nazaré e qual é sua missão no novo Reino. O papa Paulo IV, na Encíclica *Marialis Cultus,* ao comentar o *Magnificat*, diz-nos que

> [...] Maria de Nazaré, apesar de absolutamente abandonada à vontade do Senhor, longe de ser uma mulher passivamente submissa ou de uma religiosidade alienante, foi, sim, uma mulher que não duvidou em afirmar que Deus é vingador dos humildes e dos oprimidos e derruba de seus tronos os poderosos do mundo (cf. Lc 1,51-53).[1]

A fé de Maria era enraizada na realidade de seu povo. Ela conhecia bem os sofrimentos em que muitos viviam. Assim como em nossos dias, a fome, o descaso com a saúde etc. eram marcas de uma população que, por muito tempo, foi escravizada. Desse modo, Maria afirma que o Deus de Israel defende os pequenos e oprimidos e não compactua com aqueles que detêm o poder, para tornar os marginalizados cada vez mais excluídos da sociedade.

A Encíclica *Redemptoris Mater* é um dos documentos pós-conciliares fundamentais para compreendermos a dimensão social da mariologia. Nela, o papa João Paulo II nos ajuda a compreender que o *Magnificat* é a expressão da gratidão de Maria pelo amor preferencial que Deus tem pelos pobres. A Igreja, que tem como objetivo primordial o anúncio do Evangelho aos pequeninos, procura, ainda hoje, dar continuidade a essa tão sublime missão.

> Seu amor preferencial pelos pobres acha-se admiravelmente inscrito no Magnificat de Maria. O Deus da Aliança, cantado pela Virgem de Nazaré, com exultação de seu espírito, é ao mesmo tempo aquele que “derruba os poderosos dos tronos e exalta os humildes... enche de bens os famintos e despede os ricos de

mãos vazias... dispersa os soberbos... e conserva sua misericórdia para com aqueles que o temem".[2]

Maria é a primeira entre os pobres de Deus. Em sua pobreza, soube acolher o Filho Bendito e educá-lo na fé de seu povo. No lar de Nazaré, Jesus cresceu e aprendeu que o Pai tem um "amor preferencial" pelos pequenos. Por isso "é para Maria que a Igreja, da qual ela é Mãe e modelo, deve olhar, a fim de compreender em sua integridade o sentido da própria missão"[3], que é fazer-se pobre com os pobres.

O *Magnificat* se traduz concretamente em amor pelos pobres e na certeza de que Deus olha para a humildade de seus servos (Lc 1,48). A Igreja, que tem em Maria o modelo supremo de seguimento de Cristo, procura imitar todas as suas atitudes, sobretudo, sua solicitude pelas necessidades humanas. O testemunho autêntico do discipulado, deixado pela Virgem, é a marca do Corpo Místico de Cristo e deve ser também a de cada um de seus devotos em particular.

> [...] a ação da Igreja no mundo é como que um prolongamento da solicitude de Maria: aquele amor operoso de que a Virgem Santíssima dá mostras, realmente, em Nazaré, em casa de Isabel, em Caná e sobre o Gólgota, todos estes momentos "salvíficos" de vasto alcance eclesial, encontra sua continuidade na preocupação materna da Igreja para que todos os homens cheguem ao conhecimento da verdade (cf. 1Tm 2,4), em seus cuidados para com os humildes, os pobres e os fracos, e em sua aplicação constante em favor da paz e da concórdia social, em seu prodigalizar-se, enfim, para que todos os homens tenham parte na Salvação que a morte de Cristo lhes mereceu.[4]

A Igreja, ao longo da história, continua em sua missão a missão da Virgem Maria. A solicitude de Maria pelos pequenos é traduzida pela Igreja em seu compromisso de promover a vida dos mais frágeis. A mariologia não pode deixar que se passe despercebido o compromisso dos devotos de Nossa Senhora de promover na sociedade a defesa da dignidade humana. A Virgem Filha de Sião conhece a dor e o sofrimento de seus irmãos, pois, como nos atestou o Concílio Vaticano II, ela é a "primeira entre os humildes e os pobres do Senhor".[5] E São João Paulo II, na *Redemptoris Mater*, afirmou que "Ela proclama... a vinda do 'Messias dos pobres'".[6]

O *Magnificat* é o cântico mariano, que, quando bem meditado, permite-nos sentir a dor de Maria ao lembrar da história de seu povo tantas vezes marcada pela dor da escravidão no Egito. A Mulher grávida, em dores de parto, lutando contra o dragão (Ap 12), é imagem da Igreja perseguida por Satanás, mas é também imagem da Virgem Maria que, mesmo estando glorificada no céu, permanece em um embate contra as forças do mal. Esse texto apocalíptico, referente à figura dessa Mulher, apresenta-nos, de certo modo, todo o povo de Deus que diariamente luta para ser fiel ao Evangelho e por um mundo mais justo e fraterno.

Maria, desde o início, sabia que não seria fácil ser a Mãe do Messias. Sua missão estava intimamente ligada à missão de seu Filho, por isso ela precisaria participar em tudo de sua ação salvífica. Simeão a alertou nos primeiros dias após o nascimento de Jesus: "Eis que este menino foi posto para a queda e para o soerguimento de muitos em Israel, e como um sinal de contradição – e a ti, uma espada traspassará tua alma!" (Lc 2,34-35).

Na cruz, Cristo nos deu sua Mãe (Jo 19,25-27). Desse modo, Maria continuará acompanhando os seguidores de seu Filho, sobretudo, aqueles que sofrem como vítimas de uma sociedade que é indiferente ao convite à conversão, por isso permanece violando os direitos fundamentais do ser humano. Assim sendo, essa espada que transpassou o coração de Maria, quando ela sofreu os padecimentos de Cristo, permanece transpassando-a, já que ela continua acompanhando os *servos sofredores* de nosso mundo.

João Paulo II, na *Redemptoris Mater*, ressaltou a figura de Maria nas Sagradas Escrituras, desde o Gênesis ao Apocalipse, e disse que "Maria, de fato, presente na Igreja como Mãe do Redentor, participa maternalmente naquele 'duro combate contra os poderes das trevas [...], que se trava ao longo de toda a história humana'"[7]. Essa luta entre o bem e o mal atravessa toda a história, na qual a Virgem-Mãe é parte inseparável do povo de Deus. Por isso ela se faz "presente e participante nos múltiplos e complexos problemas... de cada um, das famílias e das nações".[8]

O *Magnificat* é a expressão mais genuína de uma Igreja que, como Maria, combate contra toda força maligna, que tenta destruir a dignidade da pessoa humana. O Evangelho é a Boa-Nova na vida daqueles que aderem ao projeto de Jesus e entendem que o Reino de Deus exige compromisso e responsabilidade com aqueles que esperam ser amparados e tirados da triste situação de miséria em que foram colocados por um mundo alheio ao apelo divino para vivermos como irmãos.

A dimensão social da Mariologia na *Evangelium vitae*

A Encíclica *Evangelium vitae* (1995), escrita pelo papa João Paulo II, tem como assunto fundamental o valor da vida. Nos últimos parágrafos do referido escrito, o Papa se encarrega de ressaltar a figura de Maria como Mãe da vida. Tanto Maria, como a Igreja são chamadas a serem geradoras de vida:

> Ao contemplar a maternidade de Maria, a Igreja descobre o sentido da própria maternidade e o modo como é chamada a exprimi-la. Ao mesmo tempo, a experiência materna da Igreja entreabre uma perspectiva mais profunda para compreender a experiência de Maria, qual *modelo incomparável de acolhimento e cuidado da vida*.[9]

A íntima relação entre Maria e a Igreja é sempre destacada nos documentos papais. Na *Evangelium vitae*, a base mariana da reflexão é a maternidade, missão esta que também foi confiada à Igreja. Por isso ela tem por dever defender a vida em todas as suas dimensões. Muitos não entendem o porquê de a Igreja ser tão contrária ao aborto, à pena de morte e a tantas outras formas de descaso com o ser humano. O Corpo Místico de Cristo, a exemplo da Virgem Maria, é chamado a ser, entre os homens, sinal de fecundidade, gerando homens e mulheres para Deus. A referida Encíclica, ao comentar o capítulo doze do livro do Apocalipse, afirmou:

> Aquela "mulher revestida de Sol" – assinala o Livro do Apocalipse – "estava grávida" (12,2). A Igreja está plenamente consciente de trazer em si o Salvador do mundo, Cristo Senhor, e de ser chamada a dá-lo ao mundo, regenerando os homens para a própria vida de Deus. Mas não pode esquecer que esta sua missão se tornou possível pela maternidade de Maria, que concebeu e deu à luz Aquele que é "Deus de Deus", "Deus verdadeiro de Deus verdadeiro".[10]

O mundo, muitas vezes, não entende as atitudes da Igreja em defesa da vida, porque vive distante de Deus e de seu projeto de felicidade. Assim como nos dias do Messias seu próprio povo o rejeitou, o mundo moderno continua o rejeitando: "Nele estava a Vida e a vida era a luz dos homens; a luz resplandece nas trevas, mas as trevas não a acolheram" (Jo 1,4-5). A exemplo de Maria, na fuga para o Egito (Mt 2,13-14), a Igreja não pode negar sua missão como defensora da vida, pois, se assim o fizer, trairá o Evangelho.

O Combate da Mulher contra o dragão nos diz que: "A hostilidade das forças do mal é uma obstinada oposição que, antes de tocar os discípulos de Jesus, se dirige contra sua Mãe".[11] Desse modo, "Maria ajuda a Igreja a tomar consciência de que a vida está sempre no centro de uma grande luta entre o bem e o mal, entre a luz e as trevas".[12] A Encíclica do papa João Paulo II, ao defender a vida humana, ressalta, sobretudo, a importância da luta contra o aborto. Toda vida tem o direito de ser vivida, mesmo que ela seja ainda um embrião.

A missão de Maria é ser a Mãe da Vida. O cristianismo não é uma religião fundamentada na morte, mas na vida. Quando refletimos sobre a morte de Cristo ou, até mesmo, sobre nossa morte, não é porque fazemos dela o centro de nossa fé, mas por que ela nos ajuda a entendermos o que é a ressurreição. A morte é apenas uma condição para que a vida seja manifestada. A *Evangelium Vitae* nos recorda que a Boa-Nova do Reino é a vida plena em Cristo, em quem "nunca mais haverá morte" (Ap 21,4).

O relato da anunciação, presente no primeiro capítulo do Evangelho segundo São Lucas, mostra-nos que Cristo é a vida que se manifestará no meio dos homens, fazendo-se carne no seio da Virgem Maria. Essa vida é o que vem dar todo sentido à fé Cristã. Por isso a Igreja luta para que os homens, todos os homens, tenham vida: "Eu te propus a vida ou a morte, a bênção ou a maldição. Escolhe, pois, a vida, para que vivas". (Dt 30,19). E assim afirmou a *Evangelium Vitae*: "Maria é uma mensagem de viva consolação para a Igreja em sua luta contra a morte. Ao nos mostrar seu Filho, assegura-nos que Nele as forças da morte já foram vencidas: morte e vida combatem, mas o Príncipe da vida reina vivo após a morte".[13]

É a certeza da ressurreição de Cristo que nos fortalece, na luta contra tudo aquilo que é sinônimo de morte. Todo tipo de violação dos direitos fundamentais dos homens fere o coração de Deus e de sua Santa Mãe. Desse modo, a mariologia desenvolve-se também na história da sociedade e de cada cidadão, na luta em defesa da vida e na promoção do ser humano, pois "voltamos a olhar para aquela que é para nós sinal de esperança e consolação".[14]

Em Maria a dignidade feminina atinge sua maior expressão

As Sagradas Escrituras nos apresentam inúmeras mulheres que mudaram o rumo da história do povo de Israel, tais como Ester e Judite. O Novo Testamento nos fala de mulheres que seguiam Jesus, ou seja, eram suas discípulas:

> Depois disso, ele andava por cidades e povoados, pregando e anunciando a Boa-Nova do Reino de Deus. Os doze o acompanhavam, assim como algumas mulheres que haviam sido curadas de espíritos malignos e doenças: Maria, chamada Madalena, da qual haviam saído sete demônios, Joana, mulher de Cuza, o procurador de Herodes. Suzana e várias outras, que o serviam com seus bens.[15]

As primeiras páginas do Antigo Testamento nos trazem o relato da criação. Deus, ao criar o homem, disse: “Não é bom que o homem esteja só. Vou fazer uma auxiliar que lhe corresponda” (Gn 2,18). E assim o fez, mas o homem não encontrou entre as criaturas um ser que lhe fosse semelhante. Então, Deus o fez cair em um sono profundo, tomou uma de suas costelas, dela modelou uma mulher e a trouxe ao homem. Ao vê-la, o homem exclamou: “Esta sim é osso de meus ossos e carne de minha carne! Ela será chamada mulher porque foi tirada do homem” (Gn 2,23).

Assim sendo, “o homem chamou sua mulher de ‘Eva’, por ser a mãe de todos os viventes” (Gn 3,20). No entanto Eva deixou-se seduzir pelo mal e, por achar que poderia ser como Deus, trouxe ao mundo a morte (Gn 3,1-6). Aquela que deveria ser a mãe dos viventes tornou-se a mãe dos mortais. Deus, por sua vez, mudou o rumo da história e prometeu ao mal que faria surgir uma outra mulher, que o colocaria sob seus pés (Gn 3,15), ou seja, uma Mulher que não se deixaria seduzir pela ilusão do mundo de que o homem se basta a si mesmo.

Essa Mulher é Maria de Nazaré, que, com sua fé e obediência a Deus (Lc 1,38), restaurou com seu "*Fiat*" o que Eva destruiu. Maria é a verdadeira Eva, Mãe daqueles que em Cristo viverão eternamente. Em sua feminilidade, tornou-se a grande Mulher da história humana; nela grandeza e beleza estão entrelaçadas. Entre todas as criaturas, a Mulher de Nazaré foi a obra-prima da criação e assim elevou a dignidade feminina a sua maior expressão.

Em Maria se concretizou o pensamento de Deus para a mulher e todo o gênero humano; ela é a "mulher nova e perfeita cristã que resume em si mesma as situações mais características da vida feminina, porque é Virgem, Esposa, Mãe" (Paulo VI). As mulheres de todos os tempos podem descobrir em Maria o modelo perfeito do ser feminino e as virtudes necessárias para vivê-lo com integridade.

Maria foi a Mulher da humildade, pois não buscou para si o reconhecimento do mundo; da caridade, porque em Caná mostrou-se atenta às necessidades dos homens; da fé, porque ao pé da cruz foi mais forte que a dor; da esperança, pois permaneceu no cenáculo com os apóstolos à espera do Paráclito. Além do mais, a Mãe de Jesus conservou em seu coração e em sua alma a pureza, a pobreza e o total despojamento de si mesma, abandonando-se inteiramente à providência divina.

Sua vida não foi isenta de sofrimentos e questionamentos. Como mãe e mulher da aldeia de Nazaré, ela também experimentou os dramas da pobreza econômica e social de sua época. Precisou fugir para o Egito, poucos dias depois de ter dado à luz o Filho de Deus, para que Herodes não o matasse (Mt 2,13-14). Ainda jovem, sentiu na pele as consequências da maldade humana, que longe de Deus se achava detentora de todo poder, inclusive, do poder de dizer quem deve viver e quem deve morrer.

Em toda a sua vida, Maria mostrou ser *a Mulher forte* da Nova Aliança. Ela é a *invicta Judite* do povo cristão. Tornou-se o modelo das mulheres religiosas consagradas, das esposas, das mães, das catequistas e missionárias. Como bem escreveu padre Zezinho, em uma de suas canções: "Em cada mulher que a terra criou, um traço de Deus, Maria deixou". Esse traço é o que eleva a dignidade da mulher a sua realização plena.

Maria caminha com seu povo

Maria também é o modelo eminente diante dos dramas da sociedade. Nela encontramos um ser feminino, materno e profético que, de um modo discreto, mas concreto, continua envolvida nos diversos problemas sociais, em que muitos de seus filhos padecem sem assistência e, por vezes, encontram-se sem perspectiva de dias melhores. João Paulo II apresentou Maria como um ser atuante, que caminha com seu povo, por isso pode ser invocada diante dos perigos e das adversidades da vida. Como um excelente filósofo personalista, o referido Papa, destacou Maria como uma pessoa inundada pela graça divina e totalmente integrada em sua humanidade.

Na conclusão da *Redemptoris Mater* (1987), João Paulo II afirmou a unidade indissolúvel entre o mistério de Cristo e a vida de Maria. Assim sendo, ela se tornou parte da humanidade terrena e da humanidade, que na ascensão de Cristo foi elevada ao céu. Entre os discípulos do Filho, ela exerceu uma função materna, por isso ainda participa dos problemas de seu povo e por ele intercede ao Pai.

> A Igreja vê [...] a Bem-aventurada Mãe de Deus no mistério salvífico de Cristo e em seu próprio mistério; vê-a radicada profundamente na história da humanidade, na eterna vocação do homem, segundo o desígnio providencial que Deus predispôs eternamente para ele; vê-a presente como mãe e a participar

> nos múltiplos e complexos problemas que hoje acompanham a vida das pessoas individualmente, das famílias e das nações; vê-a como auxílio do povo cristão, na luta incessante entre o bem e o mal, para que não caia ou, se caiu, para que a erga.[16]

Na Encíclica *Sollicitudo Rei Socialis* (1987) escreveu o papa João Paulo II:

> Como fez sempre a piedade cristã, apresentamos à Santíssima Virgem as situações individuais difíceis, para que Ela, expondo-as a seu Filho, obtenha dEle que sejam aliviadas e mudadas. Mas apresentamos-lhe também as situações sociais e a própria crise internacional com seus aspectos preocupantes de miséria, desemprego, falta de alimentos, corrida aos armamentos, desprezo dos direitos humanos e situações ou perigos de conflito parcial ou total. Tudo isto queremos depor filialmente diante do seu "olhar misericordioso", repetindo uma vez mais, com fé e esperança, a antiga antífona: "Santa Mãe de Deus, não desprezeis as nossas súplicas em nossas necessidades, mas livrai-nos sempre de todos os perigos, ó Virgem gloriosa e bendita".[17]

Apresentar a Maria as dores do mundo é acreditar que ela caminha com seu povo. Por isso entregamos a ela as diversas situações de miséria que assolam a vida de tantas pessoas, espalhadas por todo o mundo. São crianças e jovens, adultos e idosos, cristãos e não cristãos que sofrem por não terem a mínima condição para viverem com dignidade. As mãos da Virgem são o amparo e o sustento dos que estão à margem do caminho e gritam pela justiça divina.

Em sua solicitude pelo povo de Deus, interessa-se, sobretudo, pelos pobres e marginalizados. Como mãe e intercessora, roga dia e noite por aqueles que padecem nas ruas e praças de nossas cidades e, muitas vezes, são vistos como os únicos responsáveis pela triste situação em que se encontram. A dor humana fere o coração da Virgem, porque ela também sofreu os dramas de uma sociedade que é indiferente aos pequenos e os tem como "seres sem valor".

São Lucas nos narra em seu Evangelho que, quando Maria estava grávida, César Augusto ordenou o recenseamento, e todos tinham de se alistar em sua própria cidade. Assim, José e Maria saíram de Nazaré e foram até Belém para cumprirem as normas da lei. Chegando a Belém, "completaram-se os dias do parto, e ela deu à luz seu filho primogênito, envolveu com faixas e reclinou-o em uma manjedoura, porque não havia lugar para eles na sala" (Lc 2,6-7).

Ainda criança, Jesus foi rejeitado por seu próprio povo. Seus pais sentiram na pele a dor da rejeição e improvisaram um lugar para aconchegá-lo. A vida do Menino Jesus já começou como um sinal de contradição. Ele não era o rei dos judeus? Não era o Messias tão esperado pelo povo de Israel? E por que não o acolheram? São Lucas nos diz que foram os pastores de ovelhas os primeiros a aceitarem-no como o Salvador (Lc 2,8-10).

Os pastores eram gente simples do povo, pobres trabalhadores que passavam as noites nos campos, vigiando as ovelhas para que ninguém as roubasse. No entanto a esses homens rudes que foi anunciada a grande mensagem de alegria: "Nasceu-vos hoje um salvador, que é o Cristo Senhor" (Lc 2,11c). A Boa-Nova do Reino é para todos. Contudo só os humildes são capazes de compreendê-la. O mistério divino da salvação ultrapassa a razão humana e contradiz a lógica dos homens.

Os pastores foram ao encontro do Menino e "encontraram Maria, José e o recém-nascido" (Lc 2,16). Quem vai a Jesus encontra-o com Maria, e quem vai a Maria encontra-a com Jesus. Os humildes são os primeiros a vislumbrarem a realização da promessa messiânica. Será esse o motivo pelo qual a Mãe de Jesus é tão solícita e tanto se compadece de suas dores? Ou será que é por que ela, em sua condição de *serva do Senhor,* vê nos pobres seus irmãos?

O que sabemos é que Maria é a Mãe de todos os povos, de todas as raças e condições sociais. Contudo os pobres se assemelham mais a ela porque, muitas vezes, são rejeitados pela sociedade. Ela mostra-se sempre presente em meio aos marginalizados. Foi assim em Guadalupe, em Aparecida e em tantos outros lugares, onde os indefesos experimentaram, na hora da dor, o auxílio da Mãe de Jesus, a humilde moradora da aldeia de Nazaré.

Notas de fim

[1] PAULO VI. *Exortação Apostólica Marialis Cultus*, n. 37.
[2] JOÃO PAULO II. *Carta Encíclica Redemptoris Mater*, n. 37.
[3] Ibid., n. 37.
[4] PAULO VI. *Exortação Apostólica Marialis Cultus*. São Paulo, Paulinas, 1974, n. 28.
[5] CONCÍLIO VATICANO II. *Lumen Gentium*, n. 55.
[6] JOÃO PAULO II. *Carta Encíclica Redemptoris Mater*, n. 37.
[7] Ibid., n. 47.
[8] Ibid., n. 52.
[9] JOÃO PAULO II. *Evangelium vitae*, n. 102.
[10] Ibid., n. 103.
[11] Ibid., n. 104.
[12] Ibid., n. 104.
[13] Ibid., n. 105.
[14] Ibid., n. 105.
[15] Lc 8,1-3.
[16] JOÃO PAULO II. *Redemptoris Mater*, n. 52.
[17] JOÃO PAULO II. *Sollicitudo Rei Socialis*, n. 49.

V

A MISSÃO DE MARIA EXPRESSA NA PIEDADE POPULAR

A piedade popular encontra no *Magnificat* uma de suas razões de ser. Na casa de Zacarias e Isabel, quando Maria foi proclamada a primeira bem-aventurada da Nova Aliança (Lc 1,45), ela fez ressoar de seu coração um hino de louvor: "Minha alma engrandece o Senhor, e meu espírito exulta em Deus meu Salvador, porque olhou para humildade de sua serva" (Lc 1,46-48). O povo de Deus, à luz do Espírito Santo, louva Maria por reconhecer nela a grandeza do Senhor.

Assim, cumpre-se a profecia da Virgem: "Doravante as gerações me chamarão de bem-aventurada, pois o Todo-poderoso fez grandes coisas em meu favor" (Lc 1,48). A piedade popular mostra-nos que a missão de Maria é lembrar ao mundo que só Deus é o Senhor da história, e só Ele pode realizar maravilhas em nossa vida. Desse modo, todo culto prestado à Mãe de Jesus tem por objetivo engrandecer a Trindade, que nela exaltou os humildes e confundiu os poderosos do mundo.

Sua missão, expressa na piedade popular, é justamente tornar Cristo o centro de nossa vida. Na Virgem Santa, tudo começa e termina em Jesus. Ela foi a primeira missionária do Pai. A Igreja, que tem em sua essência a vocação missionária: "Ide, e fazei discípulos meus todas as nações" (Mt 28,19), encontra na Mãe de Jesus sua missão querigmática de anunciar ao mundo a Boa-Nova do Evangelho.

Aprendei de mim

Este é o pedido de Jesus a seus discípulos: "Aprendei de mim" (Mt 11,28). É dele que aprendemos que o Evangelho é uma mensagem de salvação revelada sobretudo aos que têm um coração de pobre. Também foi Jesus quem nos ensinou a amar Maria e lhe deu a missão de cuidar de seus seguidores (Jo 19,25-27). É na escola da jovem nazarena que a Igreja busca conformar-se a Cristo, e Dele haurir a força necessária para realizar a vocação à qual foi chamada.

Maria é a primeira entre os pobres de Javé. Em sua simplicidade, como asseverou Santo Agostinho: "Concebeu pela fé para poder conceber pela carne". Nos anos ocultos de Jesus, no lar de Nazaré, e, durante sua vida pública, sempre esteve ao lado do Filho e dele aprendeu no que consiste o discipulado. Por isso Maria pode dizer como o apóstolo Paulo: "Sede meus imitadores, como eu mesmo o sou de Cristo" (1Cor 11,1).

Ela nos ensina que uma das características fundamentais do discípulo de Jesus é a humildade. Sem essa atitude, corremos o risco de permanecermos na mania doentia de nos acharmos autossuficientes. O próprio Cristo, ao se fazer homem, fez-se pobre com os pobres, para nos mostrar que o novo Reino pertence àqueles que têm a coragem de se negar a si mesmo e perder sua vida por uma causa que lhe é superior: o plano divino da salvação.

A missão de Maria expressa também na Liturgia da Igreja

A piedade popular e a Liturgia da Igreja são duas realidades distintas, mas ambas favorecem a vida de fé do povo de Deus. A mariologia perpassa essas duas dimensões, tão presentes no cotidiano das comunidades cristãs. Os fiéis, ao nutrirem sua vida de intimidade com Deus, encontram um apoio na Mãe de Jesus para continuarem buscando a cada dia Aquele que é o Absoluto.

Essa piedade favorece a participação dos devotos de Maria na vida litúrgica da Igreja. Com isso, ela exerce a missão de encaminhá-los ao encontro de Jesus. Toda expressão de piedade para com a Virgem Santa tem sua meta final na celebração dos mistérios de Cristo. A liturgia, sobretudo, a Liturgia Eucarística, é a vida da Igreja. É nela que nos alimentamos do Pão da Palavra e do Pão Eucarístico, e é por ela que pautamos nosso ser cristão.

Todo culto prestado na liturgia cristã tem seu fundamento na pessoa de Cristo. A oração litúrgica é dirigida ao Pai, por Cristo, no Espírito Santo. Contudo “a todo o progresso autêntico do culto cristão segue-se necessariamente um correto incremento da veneração para com a Mãe do Senhor”, como observou o papa João Paulo II. No entanto o culto de veneração prestado à Mãe é subordinado ao culto de adoração, que pertence exclusivamente à Trindade Santa.

Maria, como membra eminente da Igreja, celebra com os fiéis o mistério de Cristo. No *Magnificat*, oração rezada e meditada pelo povo de Deus, dentro da liturgia, faz ressoar no mundo as palavras da Virgem: “Este cântico da Virgem Santíssima, na verdade, prolongando-se, tornou-se oração da Igreja inteira, em todos os tempos”.[1] A participação de Maria na oração da comunidade primitiva, esperando a manifestação do Espírito Santo (At 1,12-14), é o sinal de que ela não é apenas nossa intercessora junto ao Pai, mas que também, em sua condição de discípula de Cristo, reza conosco.

Na liturgia da Igreja, lembramos a pessoa de Maria porque ela é a grande mestra da vida espiritual: "Assim, bem cedo, os fiéis começaram a olhar para Maria, a fim de, como ela, fazerem da própria vida um culto a Deus, e de seu culto um compromisso vital".[2] Sua missão dentro da liturgia é nos ajudar a entender que o "culto agradável a Deus é fazer da vida uma oblação". O autêntico devoto da Virgem é aquele que, diariamente, busca fazer a vontade do Senhor.

Sua vida foi uma entrega total a Deus e a seu plano divino de salvação. Por isso é de suma importância lembrar sua pessoa dentro da liturgia, sobretudo, a Liturgia Eucarística, que é o ponto central de nossa fé. O papa João Paulo II afirmou, no capítulo sexto da Encíclica *Ecclesia de Eucharistia* (2003): "Se quisermos redescobrir em toda a sua riqueza a relação íntima entre a Igreja e a Eucaristia, não podemos esquecer Maria, Mãe e modelo da Igreja".[3]

A virgem é a primeira crente da Nova Aliança a receber em seu corpo o próprio corpo do Senhor. Ela é a mulher eucarística por excelência, "praticou sua *fé eucarística* ainda antes de ser instituída a Eucaristia, quando *ofereceu seu ventre virginal para a encarnação do Verbo de Deus*".[4] O sim de Maria, dado a Gabriel, perpetua-se hoje na vida da Igreja, que a exemplo da jovem nazarena deseja ser toda e inteiramente de seu Senhor.

Desse modo, a pessoa de Maria é parte constitutiva da vida eclesial. Presente no mistério da encarnação, da paixão, morte e ressurreição, ela se uniu indissoluvelmente ao mistério de seu Filho. Hoje, permanece unida e esse mistério, que diariamente é celebrado nos altares de nossas Igrejas, e, assim, faz-se presente na vida e ação missionária do povo de Deus. "Por isso mesmo, desde a antiguidade, é unânime nas Igrejas do Oriente e do Ocidente a recordação de Maria na Celebração Eucarística".[5]

Entretanto a recordação de sua pessoa não é feita apenas na Liturgia Eucarística, mas em todo ato de fé da Igreja. Na Liturgia das Horas, é costume, em alguns lugares, rezar-se o Ângelus antes de iniciar a oração das Laudes, da Hora Média, das Vésperas e das completas, que ritualmente se encerram com uma antífona dirigida a Nossa Senhora. Assim, entende-se que ela está presente em todos os momentos da vida de cada um de seus devotos.

A missão de Maria na Liturgia da Igreja é despertar-nos para o encontro com Cristo. Ela não tem outro objetivo, a não ser promover, entre os cristãos, uma identidade cristológica. Por isso não tenhamos receio de prestar-lhe o culto de veneração e de nutrir no coração e propagar a piedade mariana popular, que, ao longo dos anos, fortaleceu a fé de muitas pessoas, desejosas de uma vida de mais intimidade com Deus.

Os Dogmas marianos, verdades de fé que expressam a missão de Maria

Os dogmas são verdades de fé reveladas, que com o tempo se tornaram mais claras e que foram definidas com tais ao longo da história da Igreja. Antes de serem proclamados oficialmente, passam por uma série de discussões entre os Bispos e teólogos. Sobretudo são consequências da ação do Espírito Santo na vida de fé do povo de Deus. Esses dogmas são quatro: a Maternidade Divina, a Virgindade Perpétua, a Imaculada Conceição e a Assunção gloriosa de Maria ao céu em corpo e alma.

Esses quatro dogmas expressam a missão de Maria no plano divino da salvação. Antes mesmo de ressaltar a figura da Virgem, eles nos remetem à ação de Cristo na vida dela. Esses dogmas são, de certo modo, cristológicos, ou seja, têm em Cristo sua razão de ser. A missão da jovem nazarena e a do Messias estão o tempo todo interligadas, de forma que não se pode querer entendê-las de modos distintos.

A Maternidade Divina

Desde os primeiros séculos do cristianismo, Maria é reconhecida e chamada pelos cristãos de Mãe de Deus: "*Theotokos*". Já no século III, consta estar em uso o embrião de uma oração, que até os nossos dias é muito conhecida entre os fiéis: "Debaixo de vossa proteção nos refugiamos, Santa Mãe de Deus, não desprezeis as nossas súplicas em nossas necessidades, mas livrai-nos sempre de todos os perigos, Virgem gloriosa e bendita".

O dogma da Maternidade Divina foi proclamado pelo Concílio de Éfeso em 431, quando se discutia a respeito da humanidade e divindade de Jesus Cristo. Desse modo, para explicar que essas duas naturezas, em Cristo, não se excluem, que Ele é plenamente humano e plenamente divino, foi definido como verdade de fé o Dogma de Maria Mãe de Deus. Assim, concluiu-se que a Virgem, sendo Mãe de Cristo, que é Deus, é de fato Mãe de Deus.

Em sua missão de Mãe do Filho de Deus, Maria foi a primeira educadora de Jesus. Hoje, ela é a grande mestra espiritual dos discípulos de Cristo. A espiritualidade mariana é parte fundamental da identidade da Igreja, que, a exemplo de Maria, tem a missão de ser mãe, gerando vidas para Deus. A maternidade divina, conferida à jovem nazarena, é expressão do amor do Pai para com os homens. Só quem ama é capaz de se rebaixar para encher de plenitude o coração do amado.

A Virgindade Perpétua

Deus reservou para Maria uma missão singular: ser Mãe de Cristo e também de seus discípulos. Em sua liberdade, a jovem nazarena aderiu inteiramente ao projeto do Pai e, em sua oferta total, foi toda de seu Senhor. O Dogma da Virgindade Perpétua não quer apenas ressaltar o sentido físico da virgindade, mas a integridade de Maria, pois tudo nela estava voltado plenamente para Deus.

No Antigo Testamento, Isaías profetizou: "Eis que a Virgem conceberá e dará à luz um filho; e chamá-lo-ão Emmanuel, que quer dizer Deus conosco" (Is 7,14). Como uma virgem pode dar à luz a uma criança? Os Evangelhos se encarregaram de dar a resposta: "Concebeu pelo Espírito Santo" (Mt 1,20). Maria é a nova Arca da Aliança, pois em seu interior foi gerado Aquele que é o Pão da vida e a Palavra Eterna do Pai. A missão da jovem nazarena é mostrar ao mundo que só Deus pode preencher inteiramente os espaços vazios de nosso interior.

Os primeiros cristãos já reconheciam Maria como a *Toda Santa*, Mulher inteiramente imersa em Deus. Não é por acaso que se referiam a ela como: Maria, a Virgem. As comunidades cristãs de Jerusalém podiam ver em Maria o ícone perfeito de ser humano, pois nela não existia nem parcialidades nem contradições. Tudo nela parecia uma orquestra, cujos instrumentos se encontravam em extraordinária sintonia.

No ano de 451, o Concílio de Calcedônia, ao redigir sua profissão de fé, afirmou que Cristo foi "gerado [...] segundo a humanidade, nos últimos dias, para nós e para a nossa salvação, de Maria Virgem, Mãe de Deus".[6] A virgindade perpétua de Maria está diretamente ligada à missão salvífica de Cristo que, ao entrar no mundo, não feriu a integridade de sua Mãe, mas a elevou ao mais alto grau.

Em sua virgindade perpétua, Maria tornou-se o grande modelo de fidelidade ao Pai, pois sua vida foi toda entregue ao projeto, que lhe fora confiado. A Igreja pode espelhar-se na Mãe de Jesus e buscar viver com integridade sua plena adesão a Cristo. A virgindade por amor ao Reino continua despertando no coração de muitos cristãos o desejo de se consagrar a Deus pela Profissão Religiosa ou pelo celibato.

Contudo, bem mais que pensar a virgindade apenas como um fator biológico, é necessário entendê-la na dimensão da oferta de si mesmo a Deus. Assim sendo, pela virgindade, cria-se no coração um espaço sagrado, que pertence unicamente ao Absoluto e, assim, passa-se a viver unicamente para Ele. Nosso corpo, que é Templo onde habita Deus, deve ser usado para exaltar e engrandecer o nome do Senhor, e não para ser mercadoria ou satisfazer os desejos egoístas de nosso coração.

O Dogma da Imaculada Conceição

Para realizar sua missão de Mãe de Deus, Maria foi preservada, desde toda a eternidade, da mancha do Pecado Original. O *sensus fidei* sempre a reconheceu como a *Toda Santa*; nela não existe o infortúnio do pecado. Ao longo da história, foi-se difundindo pelo mundo a devoção à Imaculada Conceição de Maria, sobretudo, mediante o trabalho catequético dos filhos espirituais de São Francisco de Assis.

Em 1476, a festa da Imaculada foi incluída no Calendário Romano e, em 1708, o papa Clemente XI estendeu-a a toda a cristandade, tornando obrigatória sua celebração. No ano de 1830, nas aparições da Virgem Santíssima, a Santa Catarina Labouré, na França, a doutrina da Imaculada Conceição ficou ainda mais evidente, pois a célebre Senhora ensinou-lhe a jaculatória que foi cunhada na Medalha Milagrosa: "Ó Maria, concebida sem pecado, rogai por nós que recorremos a Vós".

O dogma da Imaculada Conceição de Maria foi proclamado solenemente pelo papa Pio IX, no dia 8 de dezembro de 1854, com a bula *Ineffabilis Deus*: "Nós declaramos, decretamos e definimos que, [...] em virtude dos méritos de Jesus Cristo [...], a bem-aventurada Virgem Maria foi preservada de toda mancha do pecado original no primeiro instante de sua conceição". E, em 1858, passados quatro anos da definição desse dogma, a própria Mãe de Jesus revelou-se em Lourdes a Santa Bernadete: "Eu sou a Imaculada Conceição".

Desse modo, afirmou o Concílio Vaticano II: "Com este dom de graça sem igual, ultrapassa de longe todas as outras criaturas celestes e terrestres".[7] O Catecismo da Igreja Católica enfatiza: "'Cheia de graça', ela é o fruto mais excelente da Redenção desde o primeiro instante de sua concepção; foi totalmente preservada da mancha do pecado original e permaneceu pura de todo o pecado pessoal ao longo de toda a sua vida".[8]

A missão de Maria, expressa no dogma da Imaculada Conceição, consiste sobretudo em mostrar ao mundo a grandeza de Deus. Só Ele pode libertar-nos da escravidão do pecado. O que Ele faz na Virgem realizará também em nós, dando-nos a graça da perfeita comunhão com Ele, que é o Santo por excelência. Nós, fiéis, recebemos a santidade por meio do Sacramento do Batismo, enquanto Maria foi preservada de toda a mancha do pecado original e, antecipadamente, redimida por Cristo. Em Maria, cumpre-se de modo perfeito o desejo de Deus para cada cristão, pois fomos criados para viver em plena comunhão com o Criador. No entanto o pecado desfigura nossa condição de "imagem e semelhança de Deus", ao contrário de Deus em quem não pode haver contradições nem parcialidades.

O povo fiel, por meio da piedade popular, antes mesmo que fosse definida como dogma de fé a verdade da Imaculada Conceição, nutriu no coração a certeza de que a Virgem era, desde toda a eternidade, "o lírio perfumado entre duros espinhos". Sua missão, expressa na fé de seus devotos, é sinal da ação de Deus na vida da Igreja, pois Maria é parte constitutiva do povo eleito.

O Dogma da Assunção gloriosa de Maria ao céu

Este foi o último dos dogmas marianos a ser definido. O Dogma da Assunção Gloriosa de Maria ao céu está diretamente ligado ao Dogma Cristológico da Ressurreição de Cristo. Estando Ele glorificado à direita do Pai, elevou à eterna glória aquela que participou ativamente da redenção, cooperando admiravelmente para a salvação de todos os homens.

Esse dogma nos recorda que aqueles que pertencem a Cristo participarão com Ele de sua glória. A Assunção Gloriosa de Maria ao céu é imagem do futuro da Igreja. Ela, que foi a primeira redimida, também foi a primeira a estar definitivamente em corpo e alma junto ao Filho. E, glorificada na Pátria celeste, é sinal de esperança para cada cristão. O enredo da obra: "O auto da Compadecida", do saudoso escritor nordestino Ariano Suassuna, mostra, de um modo popular, a fé do povo de que Maria está no céu e é a Advogada dos indefesos no juízo final.

Não é de se estranhar que ela, que esteve plenamente unida à paixão de Cristo, agora, participe com Ele de sua vitória sobre a morte. O Dogma da Assunção foi proclamado solenemente pelo papa Pio XII, no dia 1 de novembro de 1950, e sua festa é celebrada no dia 15 de agosto. No pronunciamento do dogma, o Papa disse: "Pronunciamos, declaramos e definimos ser dogma de fé revelado por Deus que: a Imaculada Mãe de Deus, sempre Virgem Maria, terminado o curso de sua vida terrena, foi elevada à glória celeste em corpo e alma".

O Dogma da Assunção Gloriosa de Maria ao céu expressa a missão da Virgem de antecipar na glória todos os seus irmãos e de lá velar por cada um deles. Mostra-nos que a morte não tem a última palavra sobre os cristãos e que haverá o dia em que Aquele, que a venceu, destruirá definitivamente o poder das trevas, ressuscitará nossos corpos mortais e nos fará participantes de sua glória.

Diante de tudo isso, é perceptível o quanto Maria expressa sua missão por meio da piedade popular e o quanto o *sensus fidei* é importante para a vida da Igreja e para elaboração de suas doutrinas. A devoção mariana é prova de que Deus continua revelando seu mistério de amor aos que têm um coração simples e desprendido de teorias que buscam racionalizar a fé.

O Rosário, em cada conta um ato de fé

O Rosário da Virgem Maria é uma das expressões de fé presentes na piedade popular. Nessa oração, Maria também expressa sua missão de Mãe e intercessora dos seguidores de Cristo. Em cada conta do Rosário, há um ato de fé e de abandono nas mãos daquela que, dia e noite, intercede no céu pelos que a invocam. Em sua maioria, são pessoas simples que rezam o Rosário ou o Terço: doentes, desempregados, pobres etc.

Essa oração logo se espalhou pelo mundo. Em sua simplicidade e profundidade, chegou a lugares ainda não evangelizados e favoreceu o despertar da fé de muitos povos. Contém em si um resumo de todo o Evangelho. Por isso o papa João Paulo II, na introdução da Carta Apostólica *Rosarium Virginis Mariae,* afirmou: “O Rosário, de fato, ainda que caracterizado por sua fisionomia mariana, em seu âmago é oração cristológica. Na sobriedade de seus elementos, concentra a profundidade de toda a mensagem evangélica, da qual é quase um compêndio".[9]

O centro dessa oração é a contemplação dos mistérios da vida de Cristo. Desse modo, "recitar o Rosário nada mais é que contemplar com Maria o rosto de Cristo".[10] Como sempre, a Virgem Mãe leva aqueles que dela se aproximam a realizarem uma profunda experiência de fé com seu Filho Jesus. Em cada conta dessa corrente de oração, ela continua exercendo sua missão de discípula perfeita, que está constantemente apontando para o Mestre.

Desse modo: "O Rosário, quando descoberto em seu pleno significado, conduz ao âmago da vida cristã, oferecendo uma ordinária e fecunda oportunidade espiritual e pedagógica para a contemplação pessoal, a formação do povo de Deus e a nova evangelização".[11] Em muitas comunidades cristãs, onde era escassa a presença do sacerdote, o povo se apegou à oração do Rosário, para manter viva sua fé mariana e sua adesão a Jesus Cristo.

Em sua simplicidade e profundidade, é uma oração acessível aos letrados e não letrados, aos eminentes sacerdotes e aos veneráveis leigos. O papa João Paulo II, constantemente, recomendava-o às famílias cristãs e a todo o povo de Deus, afirmando ser o Rosário a *oração da paz*. Sua recitação traz serenidade ao coração e esperança diante das adversidades da vida.

Não é apenas uma oração repetitiva, mas é, por excelência, uma oração contemplativa. A vida de Cristo e a de Maria estão entrelaçadas em cada conta do Santo Rosário: "A contemplação de Cristo tem em Maria seu modelo insuperável. O rosto do Filho pertence-lhe sob um título especial. Foi em seu ventre que se plasmou, recebendo dela também uma semelhança humana que evoca uma intimidade espiritual certamente ainda maior".[12] Quando recitamos o Rosário, unimo-nos a Maria na meditação dos mistérios de nossa salvação. O saudoso papa Paulo VI, na Exortação Apostólica *Marialis Cultus*, escreveu:

> Sem contemplação, o Rosário é um corpo sem alma e a sua recitação corre o perigo de tornar-se uma repetição mecânica de fórmulas e de vir a achar-se em contradição com a advertência de Jesus: “Na oração não sejais palavrosos como os gentios, que imaginam que hão de ser ouvidos graças a sua verbosidade” (Mt 6,7). Por sua natureza, a recitação do Rosário requer um ritmo tranquilo e certa demora a pensar, que favoreçam, naquele que ora, a meditação dos mistérios da vida do Senhor, vistos através do Coração d’Aquela que mais de perto esteve em contacto com o mesmo Senhor, e que abram o acesso às suas insondáveis riquezas.[13]

O Rosário é considerado uma *oração incessante de súplica,* pela qual nos dirigimos à Mãe de Jesus, para que ela rogue por nós no hoje de nossa vida e na hora de nossa morte. A missão da Virgem, no mistério divino da salvação, faz-nos lembrar que nesta vida tudo passa e que não fomos criados para este mundo, mas para uma realidade que transcende nosso conhecimento. E por não termos plena consciência de como as coisas serão, quando fizermos nossa páscoa, pedimos a Toda Santa que nos assista como nossa Advogada, Auxiliadora e nosso Perpétuo Socorro.

Ela, melhor que qualquer criatura, conhece Cristo, por isso pode alcançar-nos a contemplação e participação plena no mistério divino, do qual ela já participa definitivamente em corpo e alma: “No Rosário, Maria, santuário do Espírito Santo (cf. Lc 1,35), ao ser suplicada por nós, apresenta-se em nosso favor diante do Pai, que a cumulou de graça e do Filho nascido de suas entranhas, pedindo conosco e por nós”.[14]

De modo pedagógico, o Rosário é dividido em quatro partes: mistérios gozosos, luminosos, dolorosos e gloriosos. Assim, temos um resumo da vida de Cristo e de sua Santa Mãe. A meditação de cada um deles nos insere nas páginas do Evangelho. Por isso essa oração exige um tempo específico de contemplação e escuta da voz do Senhor, que, assim como fez em Maria, deseja fazer grandes coisas em nosso favor.

Os mistérios gozosos têm como característica primordial a alegria pela vinda do Messias, o Verbo que se encarnou no seio puríssimo da Virgem Maria. Chegou aquele que era o esperado pelo povo de Israel. Também meditamos sobre a missão da jovem nazarena, em seu *fiat,* que edificou a história da humanidade, que tantas vezes se viu sem esperança, parecendo abandonada por Deus. O Natal de Jesus deve encher de paz nosso coração. Quem pode se sentir sozinho ao contemplar o presépio e, nele, aquele que é a verdadeira fonte da felicidade?

Nos mistérios luminosos, debruçamo-nos sobre a vida pública de Jesus. Ele é o Filho amado do Pai. Em Caná, revelou sua glória e nos mostrou que Ele é o verdadeiro vinho da Nova Aliança, suas pregações são pautadas por palavras cheias de misericórdia, ao mesmo tempo em que exige conversão. Antes de sua morte, revelou-se a alguns de seus apóstolos como o Senhor da Glória e se deu em alimento para os homens terem a vida eterna. Nesses mistérios, a missão da Virgem é recordar-nos que Cristo é a verdadeira luz do mundo, por isso é necessário fazer o que Ele nos mandar.

Nos mistérios dolorosos somos convidados a contemplar os momentos mais dramáticos da vida de Jesus. Aquele que era esperado como o libertador de Israel foi condenado à morte e morreu de forma trágica. Aqui parece que a missão de Maria terminou. No entanto é nesse instante desolador que ela toma uma proporção bem maior. A Mãe de Cristo passa a ser a Mãe dos homens. Sua missão ultrapassa as paredes do lar de Nazaré e os muros de Jerusalém e se estende a todos os povos de todos os tempos.

Por fim, nos mistérios gloriosos, o Pai mostra que a morte não é a última palavra e ressuscita o Filho. Esses mistérios nos remetem ao que acontecerá conosco no fim de nossa vida terrena. Em Cristo, viveremos plenamente! A promessa do Senhor de que estaremos eternamente com Ele se realiza primeiro em sua própria Mãe. Elevada em corpo e alma ao céu, Maria é a imagem perfeita da glória da Igreja. Glorificada como Rainha dos santos e dos anjos, ela continua exercendo sua missão de Mãe dos homens.

Em cada mistério do Rosário, rezamos nossa própria vida, que, em alguns momentos, é marcada pela alegria; em outros, tudo em nossa volta é luz; em outros, ainda, visita-nos o sofrimento, e a angústia invade todo o nosso ser. Contudo Deus faz ressurgir em nós a vida que Ele nos deu e transforma a dor em regozijo. Nessa oração tão cara ao povo de Deus, podemos sentir que o destino de nossa existência está nas mãos daquele que é o Senhor da história.

Notas de fim

[1] JOÃO PAULO II. *Marialis Cultus*, n. 18.
[2] Ibid., n. 21.
[3] JOÃO PAULO II. *Ecclesia de Eucharistia*, n. 53.
[4] Ibid., n. 55.
[5] Ibid., n. 57.
[6] DS, n. 301.
[7] CONCÍLIO VATICANO II. *Lumen Gentium*, n. 53.
[8] CATECISMO DA IGREJA CATÓLICA, n. 508.
[9] JOÃO PAULO II. *Rosarium Virginis Mariae*, n. 1.
[10] Ibid., n. 03.
[11] Ibid., n. 03.
[12] Ibid., n. 20.
[13] PAULO VI. *Marialis cultus*, n. 156.
[14] JOÃO PAULO II. *Rosarium Virginis Mariae*, n. 16.

VI

CARACTERÍSTICAS DA MISSIONÁRIA MARIA

Mulher de fé, raça de nossa raça, viveu entre sombras e trevas e em tudo foi fiel a seu Senhor, tornando-se assim o grande modelo dos que ainda peregrinam rumo a Deus. O Cardeal Joseph Ratzinger, em seu livro: *A filha de Sião*, disse que, em Maria, realiza-se a esperança do povo de Israel e do povo da Nova Aliança. Nela, descobrimos a beleza de ser discípulo, pois, como nos atestou São Lucas, ela soube sê-lo em grau elevado de perfeição: ouviu, acolheu e pôs em prática a Palavra de seu Deus.

Assim como nossa vida, a vida de Maria também foi marcada por incertezas, por momentos sombrios e de grandes angústias. O fato de ser a Mãe do Filho de Deus não a livrou de atravessar o caminho da dor. Porém ela, melhor que ninguém, soube superar todas as situações em que sua fé era posta à prova. Depois do nascimento de Jesus, Maria e José foram cumprir o preceito judaico de oferecer ao Senhor o filho primogênito. E como judia fiel às normas de seu povo, ela também foi se apresentar para o rito de purificação que era necessário acontecer após o parto.

É nesse contexto que acontece o encontro dos jovens pais com o respeitável Simeão, que, ao tomar o menino nos braços, afirmou que Ele seria causa de alegria para uns e de desconforto para outros e disse a Maria: "E a ti, uma espada traspassará tua alma" (Lc 2,35). Simeão é a imagem da Antiga Aliança, que espera ver o cumprimento das promessas de Deus e reconhece no Menino Jesus a realização de suas esperanças.

O Menino foi crescendo e no lar de Nazaré foi aprendendo o necessário para sua formação humana e religiosa. Certo dia, José e Maria foram a Jerusalém com o Menino, para a celebração da Páscoa judaica, e, quando estavam voltando para Nazaré, perceberam que o Filho não se encontrava na caravana. Voltaram para Jerusalém e o encontraram no Templo entre os doutores da lei. Não é de se estranhar que José e Maria estivessem bastante aflitos.

Maria, olhando para Jesus, disse-lhe: "Meu Filho, por que agistes assim conosco? Olha que teu pai e eu, aflitos, procurávamos-te" (Lc 2,48). A resposta do Filho parece ser seca e indiferente à angústia dos pais: "Por que me procuráveis? Não sabíeis que devo estar na casa de meu Pai?" (Lc 2,49). A mãe não compreendeu aquela resposta, mas a guardou e meditou em seu coração.

Estamos falando de uma Maria que precisou aprender a ser discípula do próprio Filho, que, muitas vezes, não compreendia as coisas que aconteciam e, muito menos, as atitudes de Jesus. Nossa devoção mariana não pode pretender ser diferente da realidade vivida por ela, pelo contrário, aprendemos dela que nem sempre teremos plena compreensão dos fatos e que é necessário silenciar, contemplar, acreditar e se entregar.

Não deve causar nenhum escândalo, entre nós católicos, a afirmação de que Maria também precisou viver sob o silêncio de Deus e que tenha tido momentos de insegurança e, quem sabe, até de achar que aquilo que ela acreditava não passava de um sonho. Porém, de uma coisa temos certeza: Maria, em meio às sombras e contratempos, voltava para Deus seu coração e não permitia que esses sentimentos rompessem sua relação com o Absoluto.

No Antigo Testamento, quando o povo de Deus passava por momentos difíceis, punha-se a recordar as maravilhas que o Senhor havia feito e como havia conduzido sua história (Sl 77). Maria faz parte desse povo; nas horas de amargura, ela recordava as palavras de Gabriel: "Não temas, Maria!" (Lc 1,30). Essa frase era um mantra em seu coração. Como deve ser também no nosso, em todos os momentos da vida, especialmente, naqueles em que os acontecimentos exigem mais confiança e abandono nas mãos de Deus.

É comum encontrarmos pessoas que tiveram na vida grandes experiências de fé e intimidade com Deus. Todavia foram deixando que o sofrimento abafasse sua vida espiritual e tornaram-se indiferentes à religião. O remédio para essa situação é o mesmo que tomava o povo de Israel e a Virgem Maria nos momentos de crises: a lembrança de tudo o que tinham vivido com Deus e dos momentos em que tinham estado em consolação. A grandeza de Maria está em seu abandono incondicional ao Pai, sobretudo, nas noites escuras da fé.

Conhecendo a fé de Maria

A fé, antes de tudo, é um ato de confiança. O cristão deve ser um homem de fé; por essa realidade ele move toda a sua vida, suas escolhas e decisões. As palavras dirigidas a Abraão podem ser literalmente aplicadas a Maria: "Esperava contra toda esperança" (Rm 4,18). No contexto bíblico, ter fé significa aderir a Deus. É uma atitude que ultrapassa os mecanismos intelectuais. Não é um experimento laboratorial nem pode ser medida por um termômetro, é uma experiência diária de abandono.

Quem quiser se aprofundar na fé de Maria, basta meditar o significado de sua resposta a Gabriel: "Eu sou a serva do Senhor; faça-se em mim segundo tua palavra!" (Lc 1,38).

Essa frase é fundamental para entendermos quem foi Maria de Nazaré e porque se tornou a missionária predileta do Pai. As Sagradas Escrituras "falam pouco dessa mulher", mas o que é dito sobre ela é essencial para apresentá-la como modelo para todos os cristãos.

Maria não era sacerdotisa, não era uma intelectual judaica nem fazia parte dos grandes de seu povo, era simplesmente uma jovem de Nazaré, daquele povoado, situado no Norte da Palestina setentrional, do qual não se esperava muita novidade. Ainda jovem, já estava prometida em casamento a José, quando lhe apareceu o anjo Gabriel e disse: "Alegra-te, cheia de graça, o Senhor está contigo!" (Lc 1,28). A virgem recebeu um nome novo: "Cheia de graça". De Nazaré, Deus escolheu a mais simples de suas criaturas e a fez a invicta Judite do povo da Nova Aliança. A visita do anjo mudou radicalmente vida sua e seus projetos.

São Lucas deixa claro que diante da saudação do anjo, a Virgem ficou intrigada (Lc 1,29), sem ter clareza do que estava acontecendo. E, quando lhe foi dada a proposta de ser a mãe do Messias, a jovem interrompeu Gabriel com a seguinte pergunta: "Como é que vai ser isso, se eu não conheço homem algum" (Lc 1,36). Como é bonito conhecer a fé de Maria. Ela não duvidou das palavras do anjo, mas procurou saber como se daria algo que biologicamente falando era impossível.

Gabriel respondeu a sua indagação: "O Espírito Santo virá sobre ti, e o poder do Altíssimo te cobrirá com sua sombra" (Lc 1,35). Como cobriu a tenda da reunião no deserto: era a *shekinah*. Quando a presença de Deus pairava sobre a tenda, Israel parava, acampava e Deus se manifestava (Ex 40,34). É o mesmo poder, a mesma sombra, a mesma presença que encheu o Templo de Jerusalém quando Salomão o dedicou ao Senhor (1Rs 8,10-13). Maria é o novo lugar da presença de Deus.

Diante dessa notícia, ela parou e ficou em silêncio. Na verdade, nesse momento, o céu e a terra pararam na expectativa de saber qual seria sua resposta. A Virgem estava só diante de Deus! Quantas vezes nós também nos encontramos em situações parecidas? Precisamos tomar uma decisão que ninguém pode tomá-la por nós. O sim ou o não só podia ser dado pela boca da jovem.

Talvez tenha passado alguns questionamentos em sua mente: O que acontecerá se disser sim? E se responder não? Como meus parentes compreenderão? E José, o que pensará de mim? Apesar de tudo isso, ela se abandonou nas mãos de Deus e, com sua resposta, mudou todo o percurso da história humana. Ela é a verdadeira Eva, a mãe dos viventes, ou seja, daqueles que em Cristo serão remidos e nele viverão.

Quando o anjo falou do Filho que a Virgem conceberia, ressaltou: "Ele será grande, será chamado Filho do Altíssimo, e o Senhor Deus lhe dará o trono de Davi, seu pai; ele reinará na casa de Jacó para sempre, e seu Reino não terá fim" (Lc 1,32). Maria sabia que, na dinastia de Davi, a Rainha não era a esposa do Rei, mas a mãe. No entanto ela se deu um novo nome: "Eu sou a serva do Senhor" (Lc 1,37). Não buscou para si holofotes, não procurou grandezas, entendeu qual era seu lugar e, com seu *fiat,* pôs-se à disposição da vontade de Deus.

Em outras palavras, ela disse ao anjo: "Amém, assim seja, eu creio no que me dizes". Quanta fé! A missionária Maria era uma jovem-mulher, totalmente livre. Nutria-se de uma fé madura, que cada vez mais é tão necessária ao povo de Deus. O amor que sentimos por ela deve nos impelir a imitarmos seu exemplo. Ela é a filha de Sião, que "todas as gerações chamarão bem-aventurada" (Lc 1,48).

A dura prova do silêncio de Deus

Jesus, o Filho amado do Pai, passou por esta experiência; nós também passamos por ela em diversas circunstâncias de nossa vida. Com Maria não foi diferente. Basta lembrarmos alguns momentos de sua vida, tais como a caminhada de Nazaré para Belém, devido o recenseamento. Quando ela e José chegaram a Belém, a jovem deu à luz em uma estrebaria, porque não havia lugar nas hospedarias.

Onde estava Deus? No silêncio. Maria e José, em momento algum, entraram em pânico. Ao encontrarem aquele local, desprovido do necessário para um parto, confiaram-se à providência divina, pois já era chegada a hora e não tinham mais a quem recorrer. Como isso pôde acontecer? O anjo não havia dito que o Menino seria grande, seria chamado Filho do Altíssimo e o Senhor lhe daria o trono de Davi? Maria sentiu na pele a exigência da fé.

O Filho foi crescendo, tornando-se um jovem, e, durante todo o seu processo de desenvolvimento físico, humano, psíquico e espiritual (dentro da fé judaica), reinou sobre a casa de Nazaré o silêncio de Deus. Nenhuma palavra, nenhuma aparição angelical e nenhum sinal de como seria a vida de Jesus. O casal e o menino viviam como todas as famílias nazarenas. Estranho! A afirmação de Gabriel não fazia nenhum sentido para aquela realidade.

Os Evangelhos Canônicos não mencionam nada sobre isso. Talvez, não seja tão importante para nossa vida de fé. O que nos é afirmado é que Maria "conservava cuidadosamente todos esses acontecimentos e os meditava em seu coração" (Lc 2,19). Quanto a Jesus, é-nos dito que Ele "crescia em sabedoria, em estatura e em graça, diante de Deus e diante dos homens" (Lc 1,52).

Nós, muitas vezes, queremos provas de Deus. E, quando as coisas não saem de nosso jeito, começamos a mur-

murar. Maria, no entanto, entregou-se totalmente, viveu na certeza de que sua vida, a de José e a de Jesus estavam nas mãos do Senhor. Por isso, a cada dura prova do silêncio de Deus, ela repetia: "Faça-se! Faça-se, ó Pai, conforme sua santa vontade".

Não se deixou levar pela rotina, pelo cansaço nem pela aparente ausência do Pai. Mais uma vez, é importante lembrarmos que um dos perigos de abandonarmos nossa intimidade com Deus é quando nossa vida de fé cai na rotina. Não podemos nos acostumar com Deus, Ele é sempre novidade, o Evangelho é sempre Boa-Nova, a oração é sempre mais uma oportunidade de experimentarmos a graça de sua presença, mesmo se estivermos passando pela dura prova do silêncio.

Acredito que uma das provas mais duras do silêncio de Deus para Maria foi o caminho do calvário e a crucificação do Filho. O capítulo VIII, da Constituição *Lumen Gentium*, traz que a Virgem: "Manteve fielmente sua união com o Filho até a cruz, onde esteve não sem desígnio divino. Veementemente, sofreu com seu Unigênito. E com ânimo materno se associou a seu sacrifício, consentindo com amor na imolação da vítima por ela mesma gerada".[1] Ela é a Virgem oferente sem igual. O Concílio afirmou que a fé de Maria alcançou sua mais alta expressão junto à cruz.

O momento mais trágico da vida de Maria é expresso significativamente no Evangelho de João (Jo 19,25-27). Provavelmente, a Virgem não tinha o conhecimento teológico que hoje nós temos a respeito do significado da morte de Jesus, ou seja, ela não tinha clareza dos fatos. Humanamente falando, aquela situação não passava de um fracasso e de um projeto que tinha terminado. Mais uma vez, onde estava Deus? No silêncio.

Maria, sem ter respostas, pôs-se em silêncio de pé diante da cruz. Que modelo de mulher, de discípula, de missionária. Nunca na história alguém vivenciou o sofrimento como Maria ao pé da cruz. Essa dor se repete na vida de tantas mães que perdem seus filhos de diversos modos. Embora seja triste ver a dor de um filho, ao enterrar os pais, sabemos que esse é o percurso da vida; no entanto mais comovente é ver os pais sepultando o próprio filho.

A Mãe de Jesus não foi isenta dessa dor. Lembremos, mais uma vez, as fortes palavras do venerável Simeão: "Quanto a ti, uma espada traspassará tua alma" (Lc 2,35). Enquanto os apóstolos eram dispersados pelo medo e pela sensação de fracasso, a Virgem não hesitou em acompanhar o Filho no caminho do calvário até os últimos momentos de sua vida humana. Todas as vezes que nós nos debruçamos sobre as Sagradas Escrituras, para entendermos a figura de Maria, dentro dos mistérios de Cristo, e contemplarmos o peregrinar dessa mulher, compreenderemos o motivo pelo qual a Igreja a tem como modelo perfeito de fé.

O grande exemplo de humildade e fidelidade

São impressionantes a humildade e a fidelidade de Maria. Quando soube que seria a Mãe do Messias, não fez disso motivo de vanglória. Silenciou! Nada falou para suas amigas, para seus familiares, muito menos para José. Deixou que os fatos viessem à tona conforme a vontade e o tempo de Deus. Educou o Filho sem mencionar aos nazarenos que entre eles crescia aquele que era o herdeiro do trono de Davi. Seus conterrâneos nada sabiam sobre sua missão e, quando Ele deu início a sua pregação na sinagoga, começaram então os comentários: "Não é ele o filho do carpinteiro? Sua mãe não se chama Maria?" (Mt 13,55).

A fidelidade de Maria alcançou seu auge ao pé da cruz. Foi nessa hora que Jesus, antes de entregar ao Pai seu espírito, ao ver que ali estavam Maria e o discípulo amado, disse à Mãe: "Mulher, eis teu filho!" (Jo 19,26). E disse para João: "Eis tua mãe!" (Jo 19,27). Nesse momento, Maria tornou-se misticamente a mãe de todos os discípulos de Cristo. E podemos dizer que sua missão é também a de ensiná-los a serem fiéis e a não terem medo da cruz.

Assim como acontece na vida de todos os peregrinos, que caminham para o Absoluto, a vida da jovem de Nazaré foi marcada por desolações e consolações. Ela viveu o drama da fé. A Mãe foi aprendendo que não se pode chegar a Deus sem humildade e fidelidade. Dessa forma, podemos olhar para Maria, imitar suas virtudes heroicas e não desanimarmos quando fracassarmos em nosso peregrinar. Por isso São Bernardo, em uma de suas homílias, exortou aos fiéis com as seguintes palavras:

> Se o vento das tentações se levanta, se o escolho das tribulações se interpõe em teu caminho, olha a estrela, invoca Maria. Nos perigos, nas angústias, nas dúvidas, pensa em Maria, invoca Maria.
> Que seu nome nunca se afaste de teus lábios, jamais abandone teu coração e, para alcançar o socorro da intercessão dela, não negligencies os exemplos de sua vida.
> Seguindo-a, não te transviarás; rezando a ela, não desesperarás, pensando nela, evitarás todo erro.
> Se ela te sustenta, não cairás; se ela te protege, nada terás a temer, se ela te conduz, não te cansarás; se ela te é favorável, alcançarás o fim.
> E assim verificarás, por tua própria experiência, com quanta razão foi dito: E o nome da Virgem era Maria.[2]

Não tem sentido algum entendermos a devoção mariana, separando-a da vida de Cristo e do mistério da paixão, morte e ressurreição. Tendo em vista os aspectos já refletidos sobre a história da jovem de Nazaré, chegamos à conclusão de que ela é, sem sombra de dúvida, a Mãe dos que sofrem. O Antigo Testamento nos apresenta algumas pistas para entendermos o significado da vida da Virgem Mãe de Deus, invocada tantas vezes e em tantos lugares distintos com o título de Nossa Senhora das Dores: "A quem te comparar? Quem se te assemelha, filha de Jerusalém? Quem poderá salvar e consolar-te, virgem filha de Sião?" (Lm 2,13).

Na história da Igreja aprendemos com Maria e com os santos que a dor é um caminho para chegarmos ao céu e que o sofrimento nem sempre é consequência de nossos pecados (como acreditava o povo da Antiga Aliança). O fato de alguém sofrer alguma tragédia não significa ser um castigo divino, pois, se assim fosse, poderíamos supor que o escândalo da cruz era a vingança do Pai e sabemos que não o foi. Deus não explica o porquê de nossas dores, mas em Cristo Ele sofre conosco.

O desejo de Maria era fazer a vontade de Deus. O *fiat* dado a Gabriel foi repetido em diversos momentos de sua vida: "Pai, eu não estou entendendo, não sei o que isso significa, mas que seja feita tua vontade". Essa deve ser a atitude de todo cristão-missionário, confiar-se inteiramente aos desígnios de Deus. O cristão livre é aquele que optou por perder-se em Deus, para em Deus encontrar-se, pois: "Se o grão de trigo que cai na terra não morrer, permanecerá só; mas, se morrer, produzirá muito fruto" (Jo 12,24).

Maria precisou morrer? Sem sombras de dúvida. Talvez, a morte mais dura foi "abandonar" sua condição de mãe biológica para aprender a ser discípula do próprio Filho. Em um determinado momento da vida de Jesus, nem mesmo seus parentes estavam entendendo o significado de sua missão e, entre eles, estava Maria. Na hora oportuna, foi em busca do Filho com o objetivo de levá-lo de volta para casa: "Eis que tua mãe e teus irmãos estão lá fora e procuram falar-te" (Mt 12,46). Com o passar do tempo, a Virgem foi "aprendendo a cortar o laço umbilical" e começou a fazer parte do grupo dos seguidores de tal modo que, após a ressurreição, ela permaneceu unida aos apóstolos, acompanhando a Igreja Primitiva (At 1,12-14).

Maria também teve de renunciar sua vontade. Não buscou nada que não fosse para glória de Deus. Lembremos sua resposta a Gabriel: "Eu sou a serva" (Lc 1,37). Logo que pôde, foi ter com sua parenta Isabel, que, ao vê-la, confirmou a mensagem do anjo e a proclamou bem-aventurada (Lc 1,45). Sabendo que Isabel era de idade avançada e necessitava de cuidados especiais durante a gravidez, Maria ficou três meses a auxiliando. Nossa devoção mariana não pode ficar somente em palavras, precisamos estar atentos aos que precisam de nossa ajuda. A Mãe dos que sofrem é o modelo da Igreja em saída, conforme tanto insiste nosso querido papa Francisco.

Todavia Maria não é apenas a Mulher das dores, é também a Virgem do sorriso, da esperança, da alegria. É aquela que se faz presente no calvário e na festa em Caná da Galileia. Sua vida foi, acima de tudo, uma canção de louvor: "Minha alma engrandece o Senhor, e meu espírito exulta em Deus, meu Salvador" (Lc 1,46). A alegria é sinal de uma espiritualidade fecunda que descobriu em Deus a razão de viver.

O caminho dos cristãos não é marcado apenas pela dor, pelo sofrimento ou mesmo pelo cansaço. Nele também existe uma alegria inexplicável, que é fruto da consolação divina e que o faz viver com serenidade, com confiança e com os olhares voltados para o céu. Assim, foi a vida da Virgem filha de Sião e de todos os homens e todas as mulheres, que, ao longo da história, não procuraram outra coisa, a não ser retomar a amizade plena com Deus, e assim realizaram sua missão de portadores da Boa-Nova do Reino.

Notas de fim

[1] CONCÍLIO VATICANO II. *Lumen Gentium*, n. 58.

[2] CLARAVAL, Bernardo. *Louvores da Virgem Maria*. 2ª homilia. Paris: Cahiers la Vierge. n. 13-14, março de 1936, p. 68-69.

CONSIDERAÇÕES FINAIS

Estimado leitor! Chegando ao fim deste livro, espero tê-lo ajudado a entender ainda mais a missão de Maria e seu papel na vida da Igreja e de cada um de nós. Maria é o grande sinal de esperança, em um mundo marcado por tantas contrariedades e parcialidades. Além de ser a imagem perfeita do ser cristão, ela é a luz que nos faz ver que cada ser humano tem no mundo uma missão a desempenhar e um compromisso com a sociedade.

Assim, Maria aparece, nos documentos da Igreja, como um grande modelo de vida cristã, pronta a nos ensinar que o mundo só será justo e fraterno, se Deus for o centro de todas as nossas atitudes. Ela é a Mãe da Vida e a defensora da vida! Na luta contra tudo aquilo que marginaliza o homem, pode-se contar com o apoio da Mãe de Jesus. Sua missão revela-se, sobretudo, em sua maternidade, e como mãe ela é o grande alento dos que sofrem.

Além do mais, Maria, que foi a primeira missionária do Pai, é a Estrela da Evangelização da Igreja de Cristo. Assim, aparece nos documentos do CELAM, como: Mãe, Mestra e Modelo dos cristãos. Em Guadalupe, em Aparecida e em tantos santuários marianos de nosso continente, é, ao lado de Cristo, a coluna que sustenta a fé dos católicos e se mostra pobre com os pobres. Essa aparente jovem indefesa é uma forte Mulher, que, no cotidiano da história humana, permaneceu lutando contra o dragão, que é a personificação do mal e das forças malignas, que tentam destruir a Igreja e todo o povo de Deus.

Que Maria de Nazaré continue acompanhando a Igreja de Cristo, exercendo entre os fiéis sua maternidade e sendo sempre a Senhora do Amparo e a esperança dos que vivem sem esperança. Que o povo cristão aprenda da Mãe de Jesus a exercer sua vocação de discípulo-missionário, portador da Boa-Nova do Reino, antecipando aqui na terra as realidades do céu. "Rogai por nós, Santa Mãe de Deus. Para que sejamos dignos das promessas de Cristo."

REFERÊNCIAS

BÍBLIA. *A Bíblia de Jerusalém.* São Paulo: Paulus, 2003.

CATECISMO DA IGREJA CATÓLICA. Edição típica vaticana. São Paulo: Loyola, 2000.

CELAM. *Conferencias Generales del Episcopado Latino Americano.* Bogotá, 1994. Documento de Aparecida. São Paulo: Paulinas, 2008.

CLARAVAL, Bernardo. *Louvores da Virgem Maria*. 2ª homilia. Paris: Cahiers la Vierge, n. 13-14, março de 1936.

JOÃO PAULO II. *Ecclesia de Eucharistia.* São Paulo: Paulinas, 2023.

________. *Evangelium Vitae*. São Paulo: Paulinas, 1995.

________. *Redemptoris Mater*. São Paulo: Paulinas, 2007.

________. *Rosarium Virginis Mariae.* São Paulo: Paulinas, 2002.

________. *Sollicitudo Rei Socialis. São* Paulo: Paulinas, 1988.

LAURENTIN, René. *Breve tratado de teologia mariana.* Petrópolis, RJ: Vozes, 1965.

LUMEN GENTIUM. *Constituição Dogmática sobre a Igreja.* Petrópolis: Vozes, 1968.

PAULO VI. *Exortação Apostólica Marialis cultus*. São Paulo, Paulinas, 1974.

PAULO VI. *Discurso a 21 de novembro de 1964.*

PUEBLA. *A evangelização no presente e no futuro da América Latina,* Petrópolis: Editora Vozes, 1979, n. 168.

RATZINGER, Joseph. *A Filha de Sião*. São Paulo: Ed. Paulus, 2018.
SILVA, Cleyson Fellipe do Prado. *Maria, para os jovens*. São Paulo: Editora Canção Nova, 2020.

ÍNDICE

Este livro foi composto com as famílias tipográficas Source Sans Pro e Fertigo Pro
e impresso em papel Offset 63g/m^2 pela **Gráfica Santuário**.